绿色发展的
经济学探析

孙琰 ◎著

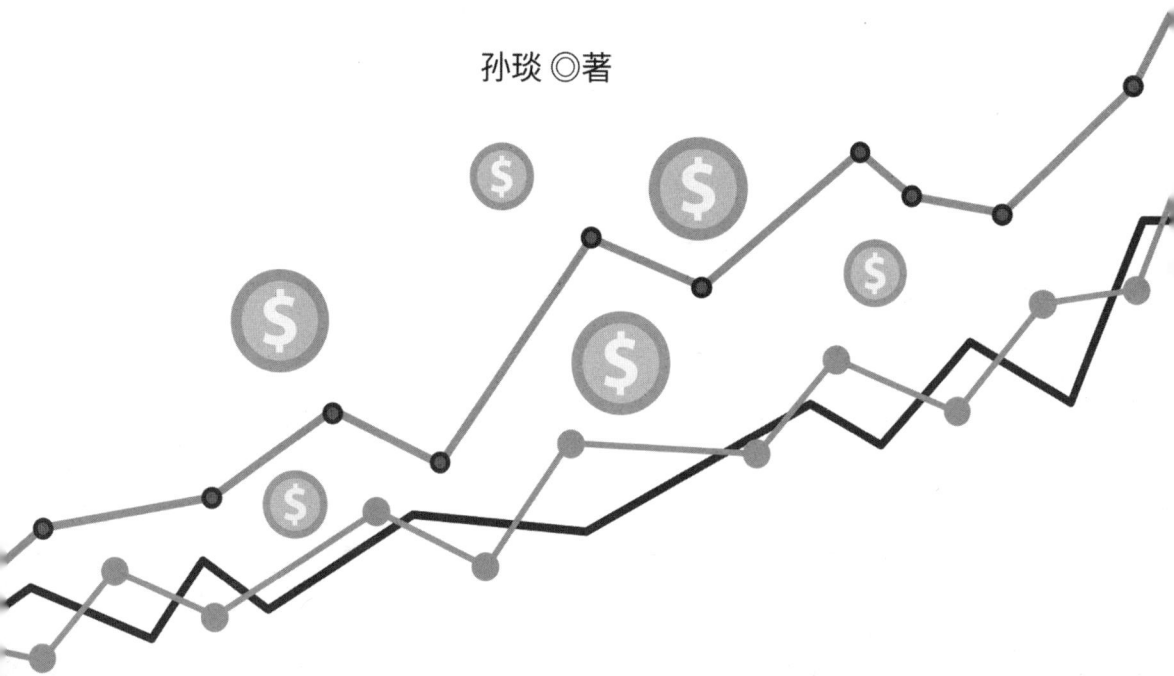

中国出版集团

中译出版社

图书在版编目（CIP）数据

绿色发展的经济学探析 / 孙琰著. -- 北京 : 中译
出版社, 2024. 5. -- ISBN 978-7-5001-7948-1

I. F124.5

中国国家版本馆CIP数据核字第2024RY2245号

绿色发展的经济学探析
LÜSE FAZHAN DE JINGJIXUE TANXI

著　　者：孙　琰
策划编辑：于　宇
责任编辑：于　宇
文字编辑：田玉肖
营销编辑：马　萱　钟筏童
出版发行：中译出版社
地　　址：北京市西城区新街口外大街 28 号 102 号楼 4 层
电　　话：（010）68002494（编辑部）
邮　　编：100088
电子邮箱：book@ctph.com.cn
网　　址：http://www.ctph.com.cn

印　　刷：北京四海锦诚印刷技术有限公司
经　　销：新华书店
规　　格：710 mm×1000 mm　1/16
印　　张：11.5
字　　数：186 千字
版　　次：2025 年 3 月第 1 版
印　　次：2025 年 3 月第 1 次

ISBN 978-7-5001-7948-1　　　定价：68.00 元

前　言

　　从内涵看，绿色发展是在传统发展基础上的一种模式创新，是建立在生态环境容量和资源承载力的约束条件下，将环境保护作为实现可持续发展重要支柱的一种新型发展模式。具体来说，绿色发展包括以下几个要点：一是要将环境资源作为社会经济发展的内在要素；二是要把实现经济、社会和环境的可持续发展作为绿色发展的目标；三是要把经济活动过程和结果的"绿色化""生态化"作为绿色发展的主要内容和途径。

　　绿色经济是以市场为导向、以传统产业经济为基础、以经济与环境的和谐为目的而发展起来的一种新的经济形式，是产业经济为适应人类环保与健康需要而产生并表现出来的一种发展状态。

　　绿色经济指能够遵循"开发需求、降低成本、加大动力、协调一致、宏观有控"五项准则，并且得以可持续发展的经济。"绿色经济"既是指具体的一个微观单位经济，又是指一个国家的国民经济，甚至是全球范围的经济。

　　绿色经济是以资源节约型和环境友好型经济为主要内容，是资源消耗低、环境污染少、产品附加值高、生产方式集约的一种经济形态。绿色经济综合性强、覆盖范围广，带动效应明显，能够形成并带动一大批新兴产业，有助于创造就业和扩大内需，是推动经济走出危机"泥淖"和实现经济"稳增长"的重要支撑。同时，绿色经济以资源节约和环境友好为重要特征，以经济绿色化和绿色产业化为内涵，包括低碳经济、循环经济和生态经济在内的高技术产业，有利于转变我国经济高能耗、高物耗、高污染、高排放的粗放发展模式，有利于推动我国经济集约式发展和可持续增长。

　　绿色化是中央在当前我国经济发展进入新常态背景下提出的新型工业化、城镇化、信息化、农业现代化和绿色化"新五化"中的发展新思想。绿色发展理念是建立现代化经济体系与实现经济高质量发展的观念与思维革新。本书对绿色发展的经济学进行探析，对绿色经济发展理论、绿色发展理念的意义、绿色发展中的经济学、绿色发展中的国民收入、资源经济的绿色发展转型，以及绿色发展的社会主义政治经济学的发展目的与路径进行了全面阐述。本书旨在从经济学角度论述什么是绿色发展理念、为什么进行绿色发展，以及怎样走绿色发展之路等理论与实践问题。

在本书的策划和写作过程中，作者曾参阅了国内外相关的大量文献和资料，从中得到启示；同时也得到了领导、同事、朋友及学生的大力支持与帮助。在此致以衷心的感谢！本书的选材和写作还有一些不尽如人意的地方，加上作者学识水平和时间所限，书中难免存在缺点和谬误，敬请同行专家及读者指正，以便进一步完善提高。

作　者

2024 年 3 月

目 录

第一章 绿色经济发展理论概述

第一节 绿色经济概述

一、绿色经济内涵

（一）绿色经济的内涵

绿色经济的内涵应当包括以下几方面：第一，绿色经济发展的前提是环境和自由；第二，绿色经济的发展目标是协同发展，包括经济、社会和环境；第三，绿色经济发展不仅要追求结果的绿色，更要追求过程的绿色和生态。绿色经济就是经济的可持续发展，这种可持续发展要建立在对资源的保护和充分利用的基础上，保证经济的发展是不以损害环境为代价的。

（二）绿色经济相关概念介绍

除了本研究介绍的绿色经济以外，学者们关注比较多的研究方向还有循环经济和低碳经济，这三者在内容上有重叠部分。

循环经济主要从生产的角度来阐述，它源于日趋激烈的市场竞争和不断枯竭的资源。在循环经济模式之下，工业生产投入的资源被分成两大类，分别是生态友好型和技术友好型。生态友好型资源是指那些在生产过程中产生的对环境没有负面影响的废弃物的生产资料，这些资源产生的废弃物将排入自然界生物圈内再循环，从而实现生态型资源的循环利用；技术友好型资源是指在生产过程中产生的对环境有不良影响的生产资料，这些资源产生的废弃物应在生产过程中得到最大限度的利用，并全力减少其排放。循环经济的发展提高了经济和资源的利用效率，推动了经济的健康发展，它可以作为绿色经济的一个重要组成部分。

低碳经济产生的背景是碳排放量增加导致的全球气候变暖，低碳经济是一类经济形态的总和，当前的低碳经济主要包括低碳发展、低碳产业、低碳技术、低碳生活等。低碳经济的特点是：低能耗、低污染、低排放。低碳经济最基本的目标就是要实现经济社会的协调与可持续发展，其最根本的要求就是要通过技术的改进和观念的更新不断提高资源的利用效率，不断降低碳的排放量从而实现全球的生态平衡。

通过对比分析可以发现，绿色经济与循环经济、低碳经济在发展上面的理念是相同的，都是在充分认识人与自然基础上进行的。通过对三者的研究发现，它们的理论基础是相近的，发展观和发展路径也比较类似，都是追求提高对资源的利用效率。

虽然三者具有如此之多的相似之处，但它们之间的差别还是比较明显的。循环经济主要目标是应对经济发展中已经出现的能源危机，通过技术的革新和观念的改变增加能源的利用效率和对资源进行循环再利用。低碳经济在发展上更加注重降低能源的损耗，减少污染量的排放，其主要依靠对能源开发技术的不断革新、改变消费模式、创新经济发展的路径，低碳经济既注重减少碳的排放量，又注重发展新型经济，非常符合当下的时代主题。而绿色经济的立足点是解决当前存在的环境危机，绿色经济的核心思想是以人为本，在发展的过程中既注重对环境的保护，同时还要全面提高人民群众的生活水平，追求一种人与自然和谐发展的状态，最终能够实现全社会的共同发展和进步。以上三种经济发展理论都是基于当前人类发展所面对的共同问题而出现的，分别从不同的角度解决问题，每种方法都有其自身的优势。就三种理论的覆盖范围而言，绿色经济理论更加全面，它在内容上涵盖了循环经济和低碳经济，也在发展目标上把二者纳入其中。所以，本章研究的对象——绿色经济是一种符合当今时代发展需求的、更为全面的经济理论，对绿色经济进行研究能够更加广泛地推动社会文明的进步。

二、绿色经济的理论依据

(一) 库兹涅茨曲线

全球经济的快速增长提高了人类的生活水平，也提高了社会发展的文明程度。经济的快速发展是一把双刃剑，经济发展的同时也给环境造成了比较大的压力，导致环境问题日益严峻。全球的学者对于经济发展和环境之间的关系问题进行了大量的研究，在所有的研究成果中，最重要的就是库兹涅茨环境曲线。库兹涅茨曲线，又称倒 U 曲线，是美国经济学家西蒙·库兹涅茨（Simon Smith Kuznets）于 1955 年提出来的收入分配状况随经济发展过程而变化的曲线。库兹涅茨通过对 18 个国家经济增长与收入差距实证资料的分析，得出收入分配不平等的长期趋势。他的理论可以假设为：在前工业文明向工业文明过渡的经济增长早期阶段迅速扩大，尔后是短暂的稳定，然后在增长的后期阶段逐渐缩小。环境的库兹涅茨曲线假设认为，经济增长与一些环境经济指标之间的关系不是单纯的负相关或正相关，而是呈现倒 U 曲线的关系，即环境质量随着经济增长先恶化后改善。

当社会的整体经济发展都处于一个比较低的水平时，由于对资源的开发有限，相应的环境污染也处于比较低的水平。在资本主义经济兴起之后，生产力水平不断提升，对资源的需求量逐渐增加，人们还没有意识到环境与资源的重要性。当工业化逐渐形成之后，国家在制定发展战略的时候把经济放在优先发展的位置。在经济发展水平比较低的情况下，主要依靠垄断优势进行竞争，尤其是对资源的绝对垄断。垄断之后会造成资源的浪费，国家在发展经济过程中忽视了对环境的保护，对资源的保护，最终导致的结果就是环境不断恶化。在社会经济发展到比较高的水平之后，国民收入也相应地提高。在这种情况下，国家和公民均意识到了环境保护对于持续发展的重要性，此时该国的环境保护将优先于经济发展，从而促进环境的改进。环境经济学界对环境的库兹涅茨曲线做了大量的实证研究，研究了不同环境污染指标与人均收入之间的关系，认为初期的经济发展将导致环境退化的加剧，而经济的进一步发展则会改善环境质量。对不同污染物而言，环境的库兹涅茨曲线转折点不尽相同，但是总体来看，该转折点一般为该国人均收入达到 8000 美元时。通过估算若干个重要的环境质量指标与经济增长之间的关系发现：环境质量指标与国民收入之间存在一定的关系。随着国民收入的增长，空气中的二氧化硫与总悬浮颗粒物含量呈现先增加后减少的趋势。该研究极大支持了环境的库兹涅茨曲线的存在。

收入增长只是环境质量的影响因素之一，而诸如政府政策、环境技术等其他因素同样也是影响一国环境质量的重要方面。对于诸如空气质量这类对国民生活质量有直接影响的环境污染而言，环境的库兹涅茨曲线是普遍存在的；反之，对于诸如生物多样化损失这类对国民生活质量有间接影响的环境污染而言，环境的库兹涅茨曲线体现得并不明显。此外，目前对环境的库兹涅茨曲线的测算主要来源于各国的历史数据，由此并不能直接推断经济增长与环境质量之间的倒 U 曲线关系必然长期存在。政府的政策方针、环境技术进步、市场调节能力等诸多因素均是影响环境质量的不可忽略的重要因素，这些都会使经济增长与环境质量的关系偏离倒 U 曲线。但不可否认，环境的库兹涅茨曲线为绿色经济发展提供了坚实的理论基础。

（二）太空舱经济理论

太空舱经济理论是在 20 世纪 60 年代由美国学者鲍丁（Bordin）提出的。他认为我们生存的地球与浩瀚的宇宙相比只是"一艘宇宙飞船"或者是"一个太空舱"，人口的快速增长和经济的发展对环境、资源的破坏最终会超出地球的承载能力。这就好比太空舱内的资源会最终耗尽，在这个过程中除了消耗资源以外还要向外排放废弃的物资。

地球资源的有限性和人类需求的无限性二者之间是矛盾的，随着社会不断进步，人类需求增多，对资源的需求更加强烈。在这种情况下，如果不发展绿色经济就会导致环境承载力的下降和其他危险。

（三）技术创新理论与内生增长理论

技术创新理论由美籍奥地利著名经济学家约瑟夫·熊彼特（Joseph Alois Schumpeter）在 20 世纪初期提出。他在其著作《经济发展理论》中指出，创新是一种新的生产函数的建立，是生产要素与生产条件进行的重新组合，包括创造新产品，采用新的生产方式，进入新的销售市场，获得新的供应商，形成新的组织形式。在创新的过程中，企业家将技术发明创造引入生产经营活动中，这样就会形成新的生产优势，创造出新的生产能力，进而会推动经济和社会的发展。

在技术创新理论发展成熟的基础上，形成发展了内生增长理论。内生增长理论在 20 世纪 80 年代作为西方宏观经济学的分支被提出。该增长理论认为，技术是一种内生的生产要素，技术的不断内生增长，对社会分工会提出更高的要求，从而细化社会分工以促进生产的协调，降低生产成本。因此，技术创新、劳动分工的专业化是促进经济发展与增长的重要因素。

（四）脱钩理论

脱钩与耦合相对应，反映的是两种现象之间的联系。脱钩是指两者之间一者增长，另一者不增长或者减少。耦合指的是两者之间一者随着另一者的增长而增长。脱钩与耦合理论在物理、电力、数学等领域应用广泛。近年来，随着环境经济学的不断发展，脱钩理论被广泛应用于经济增长与环境质量之间的关系中。脱钩理论认为，当一国或者一个地区经济发展不以环境恶化为代价，即其资源利用和对环境的压力不随着经济的发展而增加，则呈脱钩关系；反之，若一国或一个地区资源利用和对环境的压力随着经济的发展而增加，则呈耦合关系。

从广义上说，脱钩理论中有完全脱钩和相对脱钩两种状态。完全脱钩是指经济持续发展，环境保护的正指标保持稳定或者增长；相对脱钩是指经济发展指标与环境破坏指标都有变化，只是环境破坏的指标变化比率低于经济发展的指标变化比率。一般来说，绝对脱钩状态相对较少，其发生的前提条件是资源的生产效率超过经济的增长率。中国学者于法稳对此理论加以创新，引入了经济衰退的情形，从而将脱钩概念模型划分为六大种类：相对脱钩、扩张耦合、负向耦合、衰退脱钩、衰退耦合、绝对脱钩。

三、绿色经济发展中的支柱产业

在整个绿色经济发展中有四个产业是其支柱产业，共同构建了整个绿色经济系统，这四个产业分别是绿色能源、绿色交通、绿色建筑和绿色工业。

绿色经济不是一个孤立的经济形态，而是作为一个完整的系统存在的。发展绿色经济要以降低碳排放量为目标，在降低碳排放的前提下提高经济发展速度，这就要求在经济发展过程中鼓励低碳经济的发展。当下的互联网经济作为低碳经济的典型代表，极大地推动了绿色经济的发展。传统行业虽然碳的排放量高，但其对于经济发展来说是支柱产业，在发展中需要全面升级和改革，需要推动支柱产业经济绿色化的进程。

（一）新能源

新能源指的是区别于传统能源的存在形式，主要包括太阳、风、生物质能、地热、水力和海洋资源、固体生物质能、沼气，以及液体生物燃料所产生的能源，也指那些正在推广的或者正处于开发之中的能源。

随着社会经济的不断发展和人类需求的增加，二氧化碳的排放量不断增加，给气候带来了非常大的负担，而传统能源占据的比重则超过了九成。全球气候变暖导致南、北极占全球90%的积冰积雪加速融化，海平面逐渐升高，全球极端天气出现频率增快，国际社会对限制或减少温室气体排放的呼声越来越高。

发展新能源是当前降低能源消耗，减少能源温室气体排放的有效措施。同时，在全球经济危机的大背景下，发展绿色能源也是缓解全球失业率陡升问题的重要举措。可再生能源的发展创造了新的产业部门及数以万计的就业机会，这也是全球经济危机后可再生能源取得突破性发展的重要因素。

新能源不仅会降低对环境造成的损失，同时新能源产业在发展过程中创造了数以百万计的就业岗位。从环境保护和发展经济的角度来看，发展新能源产业既能够保护环境，同时也能够创造更多的就业岗位，推动经济发展。

（二）绿色建筑

绿色建筑是2008年之后在全球范围内迅速发展起来的，绿色建筑有别于传统建筑最显著的特点就是其低碳、环保和节能。绿色建筑能在最近十年间发展迅速，与自然环境的变化和政策引导有很大关系。学术界和业界对于绿色建筑的定义存在不同看法。致力于提高各种能源使用效率，减少水与各种材料的消费，提高人类健康水平，改善生态环境的建筑形式。国际标准化组织认为，可持续建筑是既符合全球不同地区的经济和社会发展需求，又对环境影响最小化的建筑。中国《绿色建筑评价标准》将绿色建筑定义为：在建筑的全寿命周期内，最大限度地节约资源，保护环境和减少污染，为人们提供健康、适用和高效的使用空间，与自然和谐共生的建筑。一般来说，绿色建筑是指在建筑从选址、设计、建造到使用、维修、翻新和拆除的整个生命周期中，注重建筑与环境的相互影响，提高建筑的能源使用效率，是对传统建筑的继承与发展，有益于提高建筑的经济性、实用性、耐用性和舒适性。

绿色建筑在中国城镇化发展的背景之下尤为重要，绿色建筑对经济发展、绿色经济和社会稳定都有着非常重要的作用。发展绿色建筑主要包括五方面的意义：第一，发展绿色建筑有利于保障能源安全。通过提高建筑能源使用效率，可以极大减少建筑的能耗，从而产生可观的经济效益。第二，发展绿色建筑有利于节省水资源。随着全球水资源问题的不断严重，世界各国出台了各种措施以缓解饮用水资源紧缺问题。在实践中，各种建筑是目前水资源的主要消耗者。发展绿色建筑，提高水资源在建筑领域的利用效率，是发挥水资源效率最大化的有效方式。第三，发展绿色建筑是加速实现建筑行业可持续发展的重要举措。建筑业是能源消耗的重要部门，其二氧化碳排放量占全球总排放量的三分之一以上，建筑行业消耗的能源及自然资源占全球能源和自然资源消耗量的三分之一以上，建筑建设和拆除产生的固体废物占全球固体废物的三分之一以上。绿色建筑充分考虑到了建筑在设计、建造、使用和拆除过程中对土地资源及能源的使用能效，可以减少建筑行业的噪声污染、化学污染和有毒废弃物的污染，从而实现建筑行业的可持续发展。第四，发展绿色建筑有利于创造新的就业机会。发展绿色建筑，必将在建筑行业产生新的绿色就业岗位。第五，发展绿色建筑有利于提高居民的身体健康水平。绿色建筑通过改善通风、日照系统，可以大幅减少室内空气污染、噪声污染，从而改善居民的居住环境，提高居民整体身体健康水平。在收入较低的发展中国家，室内空气污染是影响居民身体健康，导致严重疾病的主要诱因。因此，在这些国家推行绿色建筑，通过供暖、厨卫等设备和电器的更新升级，可以大幅减少室内空气污染，对改善本地居民的身体健康有更好的效果。

（三）绿色交通

随着全球交通系统的不断发展与扩张，其对全球环境与资源的影响日益严重。首先，交通系统对自然资源、能源有较高依赖性。在交通系统中，汽车的生产制造过程需要大量的钢铁与塑胶产品，马路等交通设施的建设需要大量的钢筋水泥，上述生产活动必将消耗大量的自然资源。同时，在汽车等交通工具的使用和维护过程中，也将消耗大量的石油、机油、橡胶和其他消费性原材料。其次，交通系统消耗了全球半数以上的液态化石燃料，其所产生的直接负面影响就是排放了大量的温室气体。据不完全统计，交通系统排放的二氧化碳温室气体总量达全球温室气体总量的四分之一以上。

在整个交通系统中，陆上运输所排放的二氧化碳气体最多，占全系统总量的73%。交通系统对环境和人体健康有较大的影响，其主要表现为噪声污染、大气污染等形式。交通污染对人类健康造成较大的威胁。人们每天呼吸的空气被汽车等交通工具排放的废气所污染，对人类健康构成了较大的威胁，是造成心脑血管疾病、呼吸系统疾病的主要诱因。同时，交通系统对环境产生的噪声污染也影响人类的正常工作与休息，尤其是会使部分人产生睡眠障碍，从而引发高血压和心脏疾病。此外，全球系统拥堵问题日益严重。随着全球各国城市化进程的不断发展，尤其是发展中国家居民生活水平的不断提高，居民车辆保有量逐年提高。

城市交通基础设施建设满足不了快速增长的汽车保有量，导致部分城市出现较严重的交通堵塞问题。严重的交通堵塞问题不仅徒增了汽车的能源消耗，加重了汽车尾气污染，更降低了社会的生产效率，对经济发展造成负面影响。

通过对汽车数量和二氧化碳排放量的分析我们可以发现，绿色交通体系对于实现全世界的可持续发展具有重要的作用。要在全球范围内推行绿色交通就需要对绿色交通达成共识，以此为基础在全球范围内推行。在对现有资料分析的基础上我们可以发现，绿色交通从大类上可以分成微观和宏观两个部分。从微观的角度来说，绿色交通就是指那些对环境污染比较小的交通出行方式，主要有步行、自行车、新能源汽车。绿色交通从宏观上可以分成三方面，分别从满足人类需求、推动经济发展和节能减排三个角度划分。绿色交通的根本目标是为人类提供更加便捷的出行方式，这种出行方式要与环境发展协调一致。绿色交通与传统交通最大的区别在于其更加高效，既能够满足需求又能够推动经济社会发展。

（四）绿色工业

自从资本主义产生以来，人类社会的生产力迅速发展，随着资本主义发展的不断深入和科技的不断进步，全球工业水平取得了突飞猛进的发展。近年来，主要工业原料产量增长迅猛。在过去15年间，发展中国家的工业发展迅猛，已经成为各国经济发展的重要引擎。工业在全球经济中扮演着重要的角色，不仅是全球经济的支柱产业，更是全球经济增长的主导部门和经济基础，是全球经济社会发展的重要支撑。

绿色工业的实质是减少生产中能源和资源的消耗，同时减少工业生产中有害废弃物的排放。在工业产业内，倡导绿色工业，实行节能减排，是建立可持续发展道路的必然选择，有着重要的意义。

发展绿色工业是缓解全球资源短缺的重要举措。工业的生产过程，就是将自然资源转化为工业品和消费品的过程。因此，制造业对自然资源，尤其是水资源、油气资源、矿产资源等依赖度极高，没有足量的自然资源，工业发展也就成了无米之炊。随着人类对全球自然资源的不断开发利用，加之部分地区粗放的工业加工方式，部分矿产资源已经出现了枯竭的危机，全球生物多样性也遭到了极大的破坏。

全球资源紧缺已经成为传统工业持续发展的绊脚石。尤其是高度依赖自然资源的高耗能工业更是面临着以下考验：一是快速发展的新兴经济体对资源和能源的需求呈几何级增长，加剧了全球资源竞争；二是随着高品位的金属矿石的逐渐枯竭，更耗能的低品位矿石进入制造业，加大了工业的能耗；三是部分落后地区低水平利用资源，造成极大的资源浪费，对地区生态服务产生了不可挽回的损失；四是全球经济危机后，各种资源价格浮动很大，加剧了资源供给的不可确定性。因此，发展绿色工业，提高工业的资源使用效率，将极大缓解全球资源短缺的现状。

发展绿色工业有利于改善日益严重的空气污染。工业废气主要指企业厂区内燃料燃烧和生产工业过程中产生的各种排入空气的含有污染物气体的总称，主要有微粒粉尘、二氧化硫、二氧化氮、铅，以及其他化学成分。近年来，随着全球工业的不断发展，尤其是发展中国家工业的迅速扩张，全球工业废气的排放量持续上升，造成了巨大的经济损失。研究表明，工业废气的排放，尤其是二氧化碳的排放，与全球气候变暖有着直接的联系。因此，对工业废气实行减排，不仅可以减少工业废气对当地居民健康的影响，而且对减少二氧化碳气体排放有着重要的意义。

四、绿色经济产业群

绿色经济是一个经济生态系统，其包括的内容广泛，在整个经济系统之中只要是符合绿色经济特征的发展模式都可以被称作绿色经济产业。绿色经济具有包容性，涵盖了农业、工业和服务业，尤其是在互联网的影响之下，越来越多的绿色经济被创新出来。下文在绿色经济支柱产业的基础上，总结了绿色经济产业群的四方面特征。

第一，技术的绿色。绿色技术是绿色经济产业发展的第一重要支柱，具体确定为防治污染、节约资源、保护生态环境的技术。主要包括三个层次：一是污染防治技术，主要是传统的末端污染控制技术，如废水、废气、固体废物的净化处理技术等。二是节约资源技术，即环境友好型技术，指在生产、流通和消费各个环节可以提高资源效率，减少污染物的排放和废弃物的产生，降低不对生态环境产生影响的技术难度。具体包括清洁生产、清洁能源、节能技术、资源节约与综合利用及再生、循环经济技术、绿色交通、绿色建筑、绿色制造等技术。三是生态保护技术，指维护生态平衡，提高生态服务功能的技术，包括生态恢复技术、生态农业、林业技术、防风固沙、水土保持、草原湿地和生物多样性保护、生态景观建设等技术。

第二，产品的绿色。绿色产品是符合环境保护和改善的要求，减少对生态环境的破坏，提高资源的循环利用率，降低能源消耗的产品。主要体现在：生产过程中选用清洁原材料和环保生产技术；消费者在购买绿色产品后的使用过程中，也不对环境产生污染或者基本无环境污染；产品在寿命终结时，回收处理过程中基本不产生对环境产生有危害的废物；在其生命周期中做到能源消耗少，循环利用次数多，产品生产废弃物少，各个环节所消耗的资源均降到最低限度。

第三，服务的绿色。绿色服务是指产品或服务在其生产、流通、消费领域向消费者提供的全程绿色服务，以及绿色产业体系中包含的绿色服务业在经济活动中以节约资源、减少污染、维护人类健康为原则提供的一系列服务。

第四，产业结构的绿色。绿色产业结构是管理过程和生产过程的生态化，是将社会生产、社会服务转变为生态发展的一部分，让社会经济活动的各个环节绿色化。产业结构绿化是全部产业经济的绿化，它发生在所有的产业部门。从绿色经济的产业体系构成可以看出，绿色经济产业群与系统的发展，催生大量新的经济增长点，创新中国经济增长的新动力。这也正是中国经济新常态的核心特征与方向。

第二节　绿色经济的特征

绿色经济的发展有别于以往的经济发展模式，它注重对人的健康需要的供给和人的发展供给，如果偏离这一目标将毫无意义。根据马克思的观点，人创造了社会财富，所以社会财富应由人们共享。绿色经济发展注重环境保护，但是并不像唯生态主义者那样只关注生态保护，而忽视经济发展和人的健康发展。绿色经济发展是希望通过人与自然的和谐共生、和谐相处，实现人类的永续发展，既不是通过破坏环境来获取发展，也不是以牺牲子孙后代的利益来换取当代的发展，而是兼顾眼前和长远、当代和后代的和谐发展。在对绿色经济进行深入分析的基础上，我们发现其作为一种崭新的经济形态具有以下一些特征。

一、绿色经济具有绿色文明性和产业性

绿色经济的发展是建立在价值观重构的基础上，更加注重对资源的保护和利用，其涵盖了工业生产的方方面面。绿色经济追求的是生态和经济价值的最大化，在发展过程中要时刻把观念摆在首要的位置，也就是我们所说的绿色文明性。随着人与自然关系的不断演变，人类文明进程也在逐步推进。第一次工业革命使人类由农业文明时代迈向工业文明时代，这是历史上一个了不起的进步。第二次和第三次工业革命，使人类发展了工业文明，极大地解放和发展了资本主义发展模式，但是也带来了巨大的环境消耗。而作为第四次产业革命的绿色经济革命，将推动人类从黑色的工业文明时代进入新的绿色文明时代。可以说，绿色文明是绿色经济的基本价值观，绿色经济是绿色文明的表现形态，是人类对于自然规律、经济规律、社会规律探索的最新集大成，也就是说绿色经济具有文明性。

绿色经济不是孤立存在的，而是依托于相应的产业而发展的，因此绿色经济在发展中具有产业性。产业性是绿色经济最直接的外在表现，也是促进原始创新与经济不断循环的重要途径。产业绿色化是一次全方位的产业革命，既包括传统黑色产业的绿化，也包括战略性新兴绿色产业的发展。一方面，新兴产业不能凭空而为，必须依赖传统产业的技术积累、制造能力和产业体系，传统产业已经形

成完备的产业配套体系，能够为新兴绿色产业发展提供雄厚的产业支撑和广阔的市场需求；另一方面，要发挥绿色产业的技术优势，加快对传统高耗能、高污染、高排放和低效益的产业如钢铁、水泥、玻璃、化工、有色金属等的改造，淘汰落后产业，突破黑色和褐色产业的利益刚性与发展惯性，提高资源利用效率，降低能耗和碳排放，进一步发展具有比较优势的劳动密集型产业，扩大社会就业。同时，实现绿色产业的绿色转型，要吸引私人和公共资本进入绿色经济领域，发展绿色金融，加大对可再生能源、新能源汽车、环保等战略性新兴绿色产业的绿色投入。在新兴绿色产业发展方面，发展中国家与发达国家差距较小，可充分利用基础理论方面的全球公共知识，加大绿色投入，利用蛙跳原理，发挥自身的后发优势，实现又好又快的发展。

绿色经济的发展不是唯经济指标的发展，在发展的过程中强调通过高新技术作为内生动力，助推人与自然和谐相处、和谐发展，实现经济指标、生态指标及人的全面发展指标相互促进、相得益彰、共同发展，任何一个指标发展的缺位都将影响三个指标的整体效能。绿色经济强调经济发展的关键在于资源环境的永续性、可持续性，子孙后代能够永续享用，即具有代际公平性、生态永续性的特点。因此，必须深入坚持绿色发展理念，利用第四次工业革命技术，建立融生态指标、经济指标、人的获得指标为一体的生态化经济发展模式。

二、绿色经济具有消费合理性

绿色经济最终的产出是为消费服务的，绿色经济建立在消费的基础上才是有价值的，才是会继续发展的。农业经济和工业经济的发展破坏了人与自然的依存关系，迫使人们开始寻找一种能够实现经济与资源协调发展的模式，而绿色经济强调经济发展要有利于资源节约、环境保护、消费合理的思想，恰恰符合这样一种模式。在绿色经济模式下，人类以经济、自然和社会可持续发展为目标，将绿色生产生活和生态环境保护统一起来，突出资源节约与合理利用，强调环境保护与经济增长并举。具体来说，绿色经济将自然资源作为研究的内生变量，认识到自然资源的稀缺性，唯有节约资源、减少耗费，经济地使用资源方能解决资源稀缺性与人类无限需求的深刻矛盾；而环境是人类生存的条件和发展的基础，它既能够造福人类，也能毁灭人类。因此，绿色经济要求人类自然地保护环境，降低环境污染，改善生态环境。前三次工业革命使得资本主义的过度不合理消费愈演愈烈，消费的急速扩张远远超过了资源能源利用率的提高，而绿色经济要引导大众走向绿色、适度、合理的消费方式，将从根本上扭转无节制的不可持续消费趋势。

绿色消费主要是指消费行为和消费方式，如尽可能购买散装物品，减少在包装上面的浪费；购买由可循环材料做成的商品；少购买或使用一次性产品，如酒店或饭店里的剃须刀、梳子、塑料餐具等；使用可充电电池，它寿命长久、花费更少，且不会给河流带来污染；买二手或翻新的物品；用能量利用率高的用品，当你在换洗衣机、干衣机、冰箱或其他电器时，始终要寻找那些贴有"能源之星"标签的；用天然、无公害的物品代替化学制品家具和杀虫剂等，以上种种及其他方法，可以帮助我们减少污染、节约能源和抵抗全球气候变化。

在此基础上，我们还要倡导绿色消费。绿色消费是一种高层次的理性消费，是带着环境意识的消费活动，它体现了人类崭新的道德观、价值观和人生观。

三、绿色经济具有创新性和公益性

绿色创新本质上是要改变传统生产函数，利用创新要素替代自然要素，提高资源配置效率，使经济发展与自然资源消耗、环境污染逐渐脱钩。绿色创新包括绿色制度、绿色技术、绿色市场及绿色观念等创新。其中，绿色制度创新有助于正向激励绿色要素聚合，绿色观念创新引导人们改变先污染、后治理的思想，绿色技术创新能够提升资源利用和环境治理效率，绿色市场创新推动绿色低碳生活方式和消费模式。我国绿色消费活动涉及衣食住行众多领域。与常规发展模式相比，绿色创新——特别是制度的变革与技术的进步，有助于隧穿黑色经济的环境库兹涅茨曲线，能够在相对较低的人均收入条件下达到生态赤字高峰，同时，在达到生态阈值之前缩小生态赤字，缓和人与自然的紧张关系，实现经济—自然—社会的永续发展。

绿色经济的发展一定是建立在公益性基础上的，这是基于对以往经济发展路径的深刻认识和对人类生存环境的担忧。能够被人们利用的自然资源，在一定时空范围内的数量是有限的，而人们对物质需求的欲望却是不断膨胀的，自工业文明以来，二者之间的矛盾越来越凸显。我国的公益性绿色经济做出了一些实际的探索。"绿色品牌联盟"将环保常识和公益理念与品牌的经营相结合，向消费者承诺，在未来的半年内都将尝试采用最新的绿色包裹，最大限度地降低快递包裹对环境造成的污染。联盟会员还在网络上发布了"绿色包裹行动"宣言，号召消费者关注物流运输中的包装浪费问题，选择FSC认证［（SC（森林管理委员会）是一个由利益相关者所有的体系，其目的是为了促进负责任的全球森林经营。它为对负责任的森林感兴趣的公司和组织提供标准制定、商标保证、认可服务和市场准入］可持续纸张生产的物流包装盒，还地球以绿色。绿色联盟还会与"蚂蚁森林"数据互通，消费者在联盟商家购物，确认收货后将在"蚂蚁森林"中获得一定的碳排放积分，该积分可用于在阿拉善种下一棵真实的树，真正实现"买买买"也能保护环境。

经济、社会和环境的协调可持续发展是绿色经济的最高宗旨。绿色经济要求遵循生态规律和经济规律，时刻考虑生态环境容量和承载能力。因为环境资源不仅是经济发展的内生变量，也是经济得以发展的前提条件。同时，发展绿色经济有利于减少贫困；发展绿色经济有利于增加自然资本投资，从而增强生态环境保护与收入提高的相关性；发展绿色经济可以提高贫困人群拥有的生存资本的存量和质量，扩大其经济交易机会，最终有助于社会发展。此外，当全社会的绿色经济观念和意识增强时，有助于更加广泛地在生产生活中践行绿色经济思想，以实际行动共建美丽地球。无论在环保上还是在经济发展上，绿色经济的发展水平比以往的传统经济发展模式都要有更大的提升和进步。绿色经济强调人与自然的和谐统一，经济、社会与环境可持续发展的理念，惠及每个国家的每个公民，甚至是人类的永续发展。因此，绿色经济能够吸引各个国家及其人民自觉投身绿色经济发展，即以最小的资源消耗获得尽可能大的经济效益，实现物质文明、生态文明、精神文明协调发展。

四、绿色经济具有低碳性和复杂性

绿色经济的发展是以低碳环保为前提条件的，绿色经济一方面强调生产生活的节能、降耗，即增强能源利用效率，提高可再生能源和新能源的消费比重，尽可能地减少煤炭等不可再生能源的使用；另一方面强调生产和消费环节应减少碳排放，降低经济发展对环境的损害和资源的消耗，体现了低碳的环保理念。

"绿水青山就是金山银山"是对低碳经济最为形象的描述和概括，也是党和国家最为明确的指示和要求。低碳经济作为新的发展模式，不仅是实现全球减排目标的战略选择，也是保证经济持续健康增长的最佳选择。全球经济发展理念和模式的转型，为中国经济发展提供了重大机遇。在政府倡导和企业自觉的双向努力下，中国已经成为积极发展低碳经济的引领者。历经数年发展，中国企业目前已经在多个低碳产品和服务领域取得世界领先地位，其中以可再生能源相关行业最为突出。

绿色经济通过加大绿色投资、提升绿色技术创新、改善绿色组织管理等方式转变粗放的增长模式，提高资源使用效益，减少资源消耗和污染排放，最终实现经济发展。绿色经济模式与传统经济模式最大的区别在于绿色经济模式更具包容性，不只关注经济抓 GDP 的增长，还始终把人的存在状态和发展水平作为关注的核心和思考的起点，认为唯有提高人类福祉和社会公平，为妇女、儿童及贫困地区人口创造更多绿色就业和收入机会，方能实现环境、经济和社会的可持续发展。绿色经济不仅重视人的获得感的提升和生态文明建设的成效，而且重视社会的发展和进步。绿色经济的供给领域改革不仅包括生产和分配的体制机制供给，而且包括公平供给的落实，使绿色经济的发展公平地惠及每个人。绿色经济强调注重对人的环保意识的培养，使环保行为成为每个人的自觉行为，成为一个社会和国家的自觉行为，并且把绿色经济作为衡量社会进步的重要标志，以绿色 GDP 取代传统 GDP。

绿色经济是具有复杂特性的经济形态。所谓复杂——按照米歇尔·沃尔德罗普的观点——是那种发生在秩序与混沌之边缘的状态，是一种既具有亦此亦彼又具有非此非彼、既具有确定性同时又具有不确定性的过程。绿色经济正是具有这样特性的经济形态。从秩序、现在、危机的视角看，它是以市场为导向，以传统产业经济为基础，以绿色创新为利润增长点的经济增长方式；从混沌、未来、重构的角度看，它似乎又是主要以全球跨国之间的价值认同和国际契约为导向，以可持续发展的微观经济组织为基础，以人类共同福祉为目标，具有新质的经济发展方式。绿色经济的复杂性决定它还具有或然性特征。它既可以被当作带动新一轮经济增长的创新点，又可以被当作诱发新经济发展的始基因素。众所周知，经济增长与经济发展都是经济进步的表现形式，但前者是原有生产方式基础上量的进步，后者是旧有生产方式发生革命性质的转变。从选择的角度看，经济增长方式的创新常有发生，经济发展方式的转变却很少进行，因为那些能诱发生产方式质变的始基因素可遇不可求；迄今为止，只有那些诱发了18世纪中叶、19世纪中后叶、20世纪70年代三次划时代的产业革命的革命因素，才能被称为是具有培育或诱发生产方式全球性革命的始基因素。

第三节　绿色经济的理论框架

一、绿色经济的系统框架

绿色经济是将自然资本作为经济发展的内生变量，以绿色文明为基本价值观，以资源节约、环境保护和消费合理为核心内容，以绿色创新为根本动力，通过技术创新与绿色投入，改造传统产业与发展新兴绿色产业，全面绿化整个经济系统，实现绿色增长与人类福祉最大化的经济形态。绿色经济主要由绿色劳动者、绿色企业、绿色市场和中介组织、政府、社会等各个部门共同参与。因此，应该将绿色经济视为绿色生产、分配、交换、消费的有机系统。绿色经济是经济社会发展到一定阶段的现实选择和必然产物。

绿色经济系统的外围层是绿色经济系统的基础环境，主要包括绿色制度、自然资本、科技创新、社会保障等。绿色基础环境是绿色经济体系的支撑和保障，也是推动绿色经济持续发展、良性循环的关键内容。正如世界经济合作组织在《迈向绿色增长》报告中所指出的：稳定的宏观环境特别是财税制度、科技创新、纠正严重失衡的自然系统和破除资源瓶颈是绿色增长的四大来源。具体来说，绿色制度包括以政策法规为主的正式制度和以道德文明为主的非正式制度。而好的制度，特别是那些有利于促进资源有效利用和生态环境保护的制度，有望在长期增加人类福祉，是绿色发展战略的核心。

二、绿色经济的核心框架

（一）绿色生产

绿色生产是绿色经济的重要运行形式，它将自然资源与生态服务纳入生产投入的范畴，以节约能源、降低能耗、减少污染为目标，以技术和管理为手段，将绿色理念贯彻到生产的全过程，创造出绿色产品，以满足绿色消费，实现资源节约和环境改善。从生产流程来看，绿色生产包括绿色决策、绿色设计、采用绿色技术与工艺、绿色采购、绿色营销及绿色管理等各个方面；从生产类型来看，绿色生产包括绿色产品生产、绿色服务和劳务生产等。其中，绿色决策是绿色生产的灵魂，它要求生产者摒弃传统粗放的生产方式，在制订生产计划、选择研发方案、确定产品种类等时都必须将资源节约与环境影响考虑在内。在绿色生产环节，绿色管理也是重要的内容。绿色管理是绿色经济的微观实现途径，是生态经济学在现代企业管理的新的发展。绿色管理坚持全过程控制和双赢原则，要求在管理的各个层次、各个领域、各个方面、各个过程时时考虑环保，处处体现绿色。因此，绿色管理能够为企业带来差别优势和成本优势，有利于提升企业的社会形象，是提高企业竞争优势的重要手段。

（二）绿色消费

绿色消费是一种以协调人与自然关系为目标，有益于消费者自身、他人身心健康，有利于环境改善的新的消费方式。作为绿色经济活动的起点和终点，绿色消费通过价格机制调节引导产品结构、市场结构及产业结构的绿色化转变。绿色消费的对象是绿色产品与服务，消费方式是合理适度消费，消费结果是改善健康安全水平。绿色消费的内容极为广泛，涵盖消费行为的方方面面，可以用 5 R 原则来概括，即节约资源（Reduce）、环保选购（Reevaluate）、重复利用（Reuse）、循环再生（Recycle）、保护自然（Rescue）。绿色消费根据这五个原则分为对应的五种消费类型：节约资源型消费、环保选购型消费、重复利用型消费、循环再生型消费和保护自然型消费。

节约资源型消费指的是在消费中尽量节约使用自然资源特别是不可再生的资

源，同时尽量减少对环境的污染破坏；环保选购型消费指优先选购有利于身体健康和环境保护的消费品，以自身的消费选择来倒逼企业进行绿色生产；重复利用型消费要求在日常生活中，尽量减少一次性物品使用，重复利用各种物品，最大限度地发挥产品的使用价值；循环再生型消费要求对尚有利用价值的消费品进行分类回收、循环利用，减少资源浪费和污染；保护自然型消费又称自然友好型消费，它强调在消费过程中尊重自然、顺应自然、保护自然，以实现人与自然和谐共处。只有当绿色消费不断扩大，逐渐形成气候，绿色需求足够强烈时，绿色消费力量才能达到一定水平，方能抵制和抗衡市场的非理性行为，推动绿色市场的健康发展。

（三）绿色市场

绿色市场是绿色经济运行的整体形式，是绿色生产与绿色消费的中间联系。研究绿色市场就是从整体上把握绿色经济的运行状况，以揭示绿色经济的总体特征和运行机理。绿色市场包括商品市场和要素市场。商品市场又包括绿色消费品、绿色生产资料市场，要素市场即绿色生产要素市场。绿色经济的本质要求将经济活动的生态环境影响纳入市场的体系和框架中，这一本质决定了绿色市场与传统市场相比，必须解决影响经济绿色化的两个问题：一是解决经济活动的外部性问题，即如何将外部性内部化；二是价格机制如何反映市场绿色供给与绿色需求的关系。解决外部性内部化的主要理论观点是庇古税和科斯定理，即通过制定自然资本的税收与补贴政策，明确自然资本的产权关系，减少公地悲剧和"搭便车"等市场失灵问题发生，有效地补偿外部性问题中利益受损的一方，保障绿色经济的顺利运行与发展。

（四）三者的关系

绿色生产、绿色消费与绿色市场三者是相互影响、相互制约的。绿色生产是绿色经济体系的基础，以生产过程的生态足迹减少为核心，既满足当前社会需求，又不能损害满足将来需求的生产活动。绿色生产决定绿色消费的对象、方式、质量和水平，要求各种原材料和能源消耗最小化，各种生产浪费最小化。绿色消费作为绿色经济活动的起点和终点，是绿色生产的目的和动力，调节反作用于绿色生产，是绿色经济体系的关键。只有当消费者，包括个体消费者和机构消费者，倾向购买可持续的绿色产品和服务时，生产者才会积极响应消费者的需求，生产绿色低碳的产品和服务。绿色市场是绿色经济体系的重要中介，是绿色生产与绿色消费实现的关键平台，通过市场机制方能实现绿色价值。随着绿色的生产、交易和消费过程的完成，绿色的生产、交换、分配和消费的循环过程便得到实现。

绿色评价包括对自然资源市场价值的造价评估，对经济增长的质量与构成的考核、对生产生活消耗的资源，人类活动对环境的影响，自然环境对人们财富与福祉的影响等进行评价。强有力的绿色评价将地球边界纳入考量范畴，能够有效地监测与管理三大资本的扩大再生产，解决"搭便车"等市场失灵问题，提高经济发展的质量，实现经济、社会、环境效益的统一。

在短时间内，由于绿色转型的代价及政策协调难度大等因素，会阻碍绿色政策的实施和制度的完善。在绿色经济理论中，自然资本是同人造资本、人力资本并驾齐驱的三大生产要素。世界银行指出：忽视自然资本就如同忽视人力资本和人造资本一样，是坏的管理方式，坏的经济学，是不利于经济增长的。自然资本不可被人造资本完全替代，由于自然资本的有限性特征，必然会制约以人造资本积累为导向的经济增长。如何扭转摆脱这一制约呢？关键在于科技创新。科技创新是绿色经济的动力和关键，对经济总量起到扩张和倍增的作用，有利于提高要素投入的综合生产力，改变三大资本之间的相互关系，释放生产力。一方面，技术进步与创新使经济增长与自然资本消耗和生态环境破坏脱钩；另一方面，技术进步与创新通过改变生产要素结构，解除由于要素限制对生产力发展造成的阻力。绿色经济以人为本，维护人们较高的生活质量，为人们提供物质保障、健康、自由、安全等，其最终目标是提高人类福利水平。当前，提高人们的物质保障和健康安全的主要要素就是社会保障体系。社会保障要素涵盖教育、医疗卫生、文娱等内容，通过人类日常生活对自然环境系统产生影响，并为绿色经济系统提供绿色的产品和服务，满足经济系统的消费需求。因此可以说，社会保障情况既是绿色经济发展水平的具体体现，又是绿色经济竞争力提升的重要保障，更是实现经济系统、生态系统和社会系统三位一体的基本前提。

第二章 绿色发展理念的意义

第一节 绿色发展的概念和观念革新

绿色发展简单来说，就是正确处理人与自然的关系，在节约自然资源和改善生态环境的条件下谋求经济的发展。绿色发展包含两层意思：一层是绿色，就是生态文明；一层是发展，就是物质文明。绿色发展就是把生态文明和物质文明紧密地结合起来，让它们相互约束、相互促进。理解绿色发展更深刻的含义，要从人类对自然态度的改变说起。

一、人类对自然态度的改变

人类的进步离不开自然，人对自然态度的改变经历了三个阶段。

第一个阶段：崇拜自然阶段。在人类社会的早期，人刚由动物进化而来，对自然充满神秘感。他们看到自然既能带来享受，又能带来灾难，无法理解，只能对它顶礼膜拜，以祈求自然的恩赐。

第二个阶段：征服自然阶段。人类在和自然相处过程中逐渐学会了使用工具。随着第一次工业革命的出现，社会生产力从蒸汽机时代进入电气化时代，继而又进入了计算机时代。生产力的发展，使人类开始蔑视自然，对自然不断索取和征服，导致了自然对人类的报复，环境污染、生态失衡、能源短缺、粮食不足等问题日益困扰着人类。

第三个阶段：尊重自然阶段。严酷的事实促使人类重新审视人与自然的关系，人类开始尊重自然，认识到保护和营造良好自然环境的重要性。人类的科技和经济发展的目标，逐渐向与自然协调发展的方向转移，以求得人类与自然和谐相处，共生共荣。

随着人类对自然态度的改变，人类的经济发展出现了三种模式。

第一种是传统经济模式，就是人类从自然中获取资源，又不加处理地向自然排放废弃物。在人类早期，由于人口较少，对自然的开发能力有限，再加上环境有一种自净化的功能，因此人类活动并未对自然造成破坏。但后来，随着人口的增长和工业化的进程，人类排放的废弃物越来越多，超过了环境的自净能力，便造成了对自然的破坏，环境污染、人口膨胀、资源短缺的问题日趋严重。

第二种是末端治理模式，就是"先污染，后治理"。这时人类虽然认识到保护环境的重要性，但迫于生存的压力，仍然把发展放在第一位，环境保护放在第二位，为了经济发展暂时放弃环境保护。这种在生产过程末端治理污染的方式使得治理难度加大，治理成本提高，生态恶化的趋势难以遏制，经济发展也受到影响。

第三种是绿色发展模式，就是在保护和改善生态环境的条件下发展经济。它要求遵循生态学规律，把保护和改善生态环境放在第一位，在合理利用自然资源和环境容量的基础上来发展经济。它本质上是一种生态经济，倡导的是人与自然的和谐共存。

二、绿色发展的观念革新

我们比较这三种模式，发现它们在观念上有以下几点不同。

一是生态价值观不同。传统经济模式和末端治理模式是"人类中心主义价值观"，这种价值观认为，世界以人类为中心，实现人类的价值是唯一的目标，其他任何物种都是为了满足人类的需要而存在的，其价值只有在被人类利用时才能体现出来。基于这种价值观，环境被污染、生态被破坏便不可避免，因为生态和环境已经被人类利用过了，失去了它的价值，应该被抛弃；先污染后治理也是不可避免的，因为先污染是为了满足人类的需要，后治理也是为了满足人类的需要。而绿色发展模式是"生命中心主义价值观"，这种价值观认为，世界上不仅人类有生命，动物、植物也有生命，都有价值。其他万物如土地、河流等，虽然本身没有生命，但它们是维护人类、动物和植物生命不可缺少的条件，也具有价值。所以，天下万物都有价值，它们组成了一个具有生命活力的生态系统。生命中心价值观承认生态的价值和自然的权利，认为人类不应该是自然的征服者和主宰者，而应该是自然的一部分，遵循生物物种的多样性原则，维护生态平衡就是维护人类自身的生命。

二是资本价值观不同。经济发展需要四种资本：一种是以劳动、智力、文化和组织形式构成的人力资本；一种是由机器、厂房和基础设施构成的工具资本；一种是由现金、投资和金融杠杆构成的金融资本；一种是由土地、资源、生态系统构成的自然资本。传统经济模式和末端治理模式只重视前三种资本的价值，忽视自然资本的价值，都是用人力资本、工具资本和金融资本来开发自然资本，自然资本处于被动的、从属的地位。而绿色发展模式重视自然资本的价值，并且把自然资本作为最重要的资本形式，因为自然资本是有限的、不可再生的，而其他资本大多都是无限的、可再生的。在这种价值观的指导下，绿色发展模式不仅要改变原有的生产和消费方式，使自然资本得以保护，还要向自然资本投资，恢复和扩大自然资本的存量。

三是生态阈值观不同。生态环境有一定的净化能力，但这个能力是有限的，超过了限度生态环境就会遭到破坏，这个限度就叫生态阈值。传统经济模式没有生态阈值的概念，肆意排放废弃物。末端治理模式不重视生态阈值，认为反正环境有净化能力，先污染后治理未尝不可。其实如果污染超过了生态阈值，不仅要花费更大的治理成本，而且环境被破坏这个过程往往是不可逆的。绿色发展模式十分重视生态阈值问题，强调一定要在生态阈值的范围内，合理利用自然资本；在尊重自然的基础上，保护生态系统的自组织能力。绿色发展模式对生态阈值的重视达到了这样的程度：宁可不发展，也不要污染。这次新冠肺炎病毒蔓延之初，党中央和国务院果断地采取了封城措施，这充分体现了决策者的决心和魄力。

四是技术价值观不同。传统经济模式只把科学技术应用于经济发展，而不应用于环境治理。末端治理模式虽然把科学技术应用到了环境治理上，但它过于迷信科学技术的力量，认为只要有科学技术，先污染后治理也不会造成什么损失。绿色发展模式重视科学技术的力量，但并不认为它是万能的。它不完全依赖科学技术，而是将科学技术与体制、制度、管理、文化等因素结合起来，通盘考虑，对环境污染问题进行综合治理。它注重观念创新和生产消费方式的转变，防微杜渐、标本兼治，从源头上防止破坏环境因素的出现。

三、绿色发展与循环经济、低碳经济

绿色发展不仅要求减少废弃物，而且要求实现废弃物的再利用，从而形成循环经济。循环经济就是要借助对生态系统和生物圈的认识，特别是产业代谢研究，找到能使经济系统与生态系统"正常"运行相匹配的可能的革新途径，最终建立理想的经济生态系统。循环经济包括物质循环、资源循环、能量循环和信息循环。物质循环就是将废弃物分类加工变成有用物，经生产消费变成废弃物以后，再分类加工将其变成有用物。物质循环受资源数量的限制，为了经济的可持续发展，必须有资源的循环，比如冷却水的循环利用等。资源的利用产生了能量，它也可以循环转变。比如，抽水蓄能电站，它就是利用峰谷电的差价促使能量循环的。谷电时电费低，用电动抽水机将水抽到高处的水库，将电能变成势能存蓄起来；峰电时电费高，将水库的水冲下来带动发电机，将势能转化为动能，再转化为电能。在物质循环、资源循环和能量循环的过程中必然会产生信息，而信息具有重复利用性，不像一个苹果给你以后我就没有了，信息给你以后我还有，我和你都可以将它再利用，这样就形成了循环。

绿色发展形成了循环经济。物质循环、资源循环、能量循环和信息循环组成了相互作用的循环经济网络系统。

循环经济从废弃物再利用的角度说明了绿色发展的一个特征，低碳经济则从能源消耗的角度说明了绿色发展的另一个特征。所谓低碳经济，就是通过技术创新、制度创新、产业转型、新能源开发等多种手段，尽可能地减少煤炭、石油等高碳能源消耗，减少温室气体排放，达到经济社会发展与生态环境保护双赢的一种经济发展形态。低碳产业体系包括火电减排、新能源汽车、节能建筑、工业节能与减排、资源回收、环保设备、节能材料等。低碳发展并不局限于减少二氧化碳排放，而是减少整个地球的温室气体排放，通过低碳发展减缓地球变暖，多方面保护我们生存的环境。低碳经济实质是提高能源利用效率和清洁能源结构问题，核心是能源技术创新、制度创新和人类生存发展观念的根本转变。

第二节　绿色发展的运行机制与特性

一、绿色发展的体系与层次

绿色发展由不同层次的元素构成，组成了一个庞大的体系。

绿色企业：与传统企业的高消耗、高污染不同，绿色企业是低消耗低污染甚至是零污染。传统企业依靠外延式增长获取企业利益，主要通过增加生产要素的投入来实现生产规模的扩大和经济的增长。绿色企业依靠内涵式增长来获取企业利润，主要通过技术进步和科学管理来提高生产要素的质量和使用效益，实现生产规模的扩大和生产水平的提高。传统企业只注重生产，不重视生态环境的保护。它们不购置废水废气净化装置，即使购置了也不使用或很少使用，怕费电。绿色企业既重视生产经营，也重视环境保护，积极主动地采取措施减少污染。它们既重视企业盈利，更重视企业的社会责任，绝不做损害社会利益的事情。在企业利益和社会利益发生矛盾的时候，它们会忍痛割爱，服从社会的需要。

绿色产业：绿色产业由绿色企业组成。产业具有生命周期，要经历诞生、成长和衰老几个阶段，形成了朝阳产业和夕阳产业的区别。朝阳产业不都是绿色产业，因为很多朝阳产业在诞生之初就伴随着巨大的能源消耗和废弃物排放。夕阳产业也可以是绿色产业，因为很多夕阳产业经过历史的积淀，生产日益成熟，排放始终达标。绿色产业不是衡量一个产业处于什么发展阶段的标准，而是衡量产业和环境的关系是否和谐的标准。

朝阳产业和夕阳产业的概念和地域有关，甲地的夕阳产业可能是乙地的朝阳产业。绿色产业的概念和地域无关，不论是甲地还是乙地的产业，只要能和生态环境和谐共处，它就是绿色产业。

绿色园区：它既可以由产业的组织形式构成，如工业园、合作社，也可以由消费的组织形式构成，如商业街、住宅小区。绿色园区是一种新型的社会组织形式，它既有规模化的生产和消费组织，又有完善和配套的服务和基础设施，还有集中统一的污水和垃圾处理等环保装置。更重要的是，它的居民不仅懂得生产，还懂得生活，热爱生活，注重邻里关系的和谐，把园区当成自己的家园。园区居民还具有环保意识，养成了卫生和环保的良好习惯，知道材料要节约，废弃物不能乱丢，还要把废弃物分门别类放入不同的垃圾箱。绿色园区模拟自然系统来设计园区的人流、物流、能流和信息流，通过分工合作、废物交换、清洁生产等手段，实现物质的闭路循环、资源的节约使用、能量的多级转化和信息的有效传播，实现园区经济效益和社会效益的最大化。

绿色城镇：它由绿色园区组成，增加了城市管理的科学化和绿色环保的制度化。绿色城镇要坚持一切有利于居民生产和生活的宗旨，减少政府机构和企业、居民的交易成本，兑现"最多跑一次"的承诺；增强政府机构的责任心和办事效率，实行"分片包干"和"河长制"改革。绿色城镇必须致力于规划绿色化、景观绿色化、建筑绿色化的人文生态建设，倡导绿色生产、绿色销售和绿色消费。绿色城镇中的特色小镇，不仅生产有特色，而且生态环境的保护也有特色，它是绿色城镇建设的示范和标杆。绿色城镇通过教育、文化、法制和精神文明建设，在全城镇范围内实现了人与自然和谐共处，经济、社会与生态环境共同繁荣的美好目标。

绿色国家：它由绿色城镇和农村组成，是绿色发展的较高形式。绿色国家实现了城镇化，城镇化不仅能实现生产和生活的规模化，提高人们生产和生活的质量，而且能有效地进行生态环境的保护和改善，降低由于人口分散造成的环境治理成本。绿色国家还加强了立法，做到有法必依，为绿色发展提供法律和制度保障。绿色国家通过合理收取和分配税收，给绿色发展以有力支持。绿色国家还通过文化、教育、卫生、法律等多种途径，使全体公民的环保意识不断增强，使其成为讲卫生、懂节约、热爱大自然、热爱环保事业的高素质公民。

绿色世界：它由绿色国家组成，是绿色发展的最高形式。习近平总书记提出的人类命运共同体，就包含绿色世界的内容。地球上的资源是有限的，虽然它归属地国所有，但通过市场却可以为世界各国所利用。污染的河水虽然产生于本国，却可以排往他国，甚至排往人类共有的大海。污染的空气也是这样，它可以飘向其他国家，甚至飘向人类共有的大气层。所以，环境保护不是一个国家的事情，它关系到整个人类的命运，是建立人类命运共同体不可缺少的部分。为了实现绿色世界的目标，每个国家首先要管好自己的事，使之成为绿色国家，在这个基础上为他国提供援助。

二、我国绿色发展的运行机制

我国的绿色发展就像一趟高速列车，有轨道，有车头车厢，还有强大的动力。

中央是车头。俗话说得好："火车跑得快，全靠车头带。"绿色发展这列火车的车头决定了我国绿色发展的运行机制和前进方向。企业不能作为这列火车的车头。这不仅是因为企业比较分散，难以担当此重任，而且是因为企业本身就是潜在的自然资源和生态环境的破坏者。如果没有法律的约束，企业受利益驱使，会随意开采资源，向空中排放废气，向河中倾倒废水，向路边抛弃废料，因为这样才能节省成本，实现企业利润的最大化。这不是对企业的蔑视，而是人性使然。所以，绿色发展不可能由企业带头自下而上地实行。地区、行业和部门也不能作为车头。这是因为资源浪费和环境污染问题早已跨地区、跨行业、跨部门，每个地区、行业和部门都有自己的利益诉求，在发生冲突时通常会优先考虑本地区、行业和部门的利益，而置别的地区、行业和部门的利益于不顾。为什么"九龙难治水"？就是因为各地区、各行业和各部门的利益不同，遇到关键性问题时不易协调，所以，绿色发展不可能仅仅依靠各地区、各行业和各部门的单打独斗来完成。因此，只有党中央和国务院来充当绿色发展的火车头了。这是因为绿色发展牵扯到各地区、各行业、各部门和各企业的利益，关系到十四亿多人口的福祉，是一项国家战略，必须由顶层设计，由党中央和国务院自上而下地协调和推动。只有党中央和国务院才能代表全国各族人民的共同利益，才有能力和愿望来设计和推动绿色发展，才有权力和办法来规范和协调绿色发展。

地方是车厢。中央的意志，要靠地方去实现；国家的政策，要靠地方去落实，所以，绿色发展这趟列车，中央是车头，地方是车厢。地方起到承上启下的作用，既要很好地理解、正确地贯彻中央精神，又要发挥主观能动性，充分调动企业和老百姓的积极性。各地方的发展是不平衡的，有先有后。列车的车厢也是一样，有先有后。但我们的国家是一个整体，各个地方的利益紧密相连。所以，地方要有整体意识和大局观念，实事求是，为绿色发展讲实话、干实事、认死理，不要搞形式主义、面子工程，也不要搞上有政策、下有对策。对此，要减轻基层负担，让基层把更多的时间用在抓工作落实上。形式主义不但空耗资源，污染社会空气，也影响公信力、战斗力和凝聚力。所以，绿色发展不仅应该包括自然资源的节约、生态环境的洁净、生物物种的多样性、人与自然的和谐共处，还应该包括人文资源的节约、社会环境的洁净、意识形态的多样性、人与社会的和谐共处。

利益是动力。《史记》中说："天下熙熙，皆为利来；天下攘攘，皆为利往。"绿色发展这列火车要想很好地运行，必须有燃料做动力，这个动力就是利益。在绿色发展中，绿色有绿色乘数效应，能创造价值，发展更能创造价值，带来利益。哪些组织可以在绿色发展中享受到利益呢？首先是国家，因为绿色发展符合全国各族人民的共同利益。其次是各地区、各行业和各部门，因为资源浪费和环境污染，它们上面受到来自中央的压力，下面受到来自企业和老百姓的压力。为了治理污染，它们还要花远远高于税收的经费，得不偿失。绿色发展搞好了，它们既有政绩又有口碑，还不用花冤枉钱，何乐而不为？最后就是企业。企业尽管可以在排污中获得短期利益，但从长远来讲还是不合算的。环境污染会影响产品质量、消费体验和外商投资，还会影响企业主和工人的身体健康。排污只能图一时之快，而资源不足了，环境破坏了，品牌搞砸了，身体垮掉了，才是长久之痛。环境污染有个"羊群效应"，你不排放别人排放你就吃亏了，结果大家都排放。环境污染还有个"破窗效应"，对一个干净的地面人们会爱惜，不会去吐第一口痰；而对一个到处堆满垃圾的地面，人们会厌恶，会随地吐痰。实行绿色发展战略以后，全党动员、全民动手，节约资源保护环境，开展绿色生产和消费，促使各种法律条文得到有效贯彻，营造一个良好的绿色发展氛围，就能有效扼制"羊群效应"和"破窗效应"。各个企业都不敢也不愿非法排放了，生态环境才能得以改善，人们生活才能幸福，企业也才能从中获得长远利益。认识到这一点，企业也就有了绿色发展的动力。

法律是轨道。火车运行离不开轨道，绿色发展要想很好实行，离不开法律制度的保障。我们国家已经制定了《环境保护法》等法律，但还缺少一部《绿色发展促进法》。《绿色发展促进法》和《环境保护法》不同，《环境保护法》侧重于绿色，而《绿色发展促进法》既有绿色，又有发展。《环境保护法》的绿色仅仅是生态文明，《绿色发展促进法》的绿色既包含生态文明，还包含精神文明和物质文明；既有生态环境的保护，又有相应的经济发展和社会环境的治理，要求生态环境保护和经济发展、社会进步相互促进、共生共荣。在绿色方面，《环境保护法》侧重于生产的末端治理，即限制污染物的排放。《绿色发展促进法》不仅包括生产的末端治理，还包括生产的前端治理，即生产要素的节约和循环利用；不仅包括生产过程的治理，还包括消费过程的治理，即消费品的节约和废弃物的利用；不仅包括治理看得见的环境污染，如雾霾，还包括治理看不见的环境污染，如携带病毒的飞沫。《绿色发展促进法》还要包括人的绿色发展意识的增进，以及政府职能的转变等。所以，它是一部更全面的法律，制定这样一部法律对保证绿色发展具有重要意义。

全民是乘客。绿色发展既是一种新型的先进的经济形态，也是一种和谐稳定的社会形态。绿色发展只靠少数人和先进的技术是难以推动的，它是一门集经济、技术和社会于一体的系统工程，要靠全社会的努力和全体人民的参与。绿色发展的目的是造福于全体人民，所以全民是绿色发展这趟列车的乘客，每一个公民都有权利享受绿色发展的红利。我们的组织原则是少数服从多数，但不能以多数人的名义侵害少数人的利益。我们要重视少数人的意见，尊重每一个人的权利，不能以任何借口阻止任何一个公民上这趟绿色发展的列车。过去我们说"大河有水小河满"，不对，应该是"小河有水大河满"，因为大河的水是从小河来的，没有小河的水，大河就会干涸。小河的水又是由很多水滴汇集起来的，没有水滴，小河也不存在。所以，绿色发展要靠全民参与，造福于全民。绿色发展这趟列车，全民是乘客，一个都不能少。

三、我国绿色发展的特性

我国是一个幅员辽阔、人口众多的大国，又是一个由计划经济向社会主义市场经济转型的发展中国家，在这样的国家推行绿色发展，困难很多。所以，我国的绿色发展，有其不同的特性。

首先，是绿色发展的不平衡性。绿色发展和经济发展的阶段有关，我国经济发展很不平衡，不同的地区处在不同的发展梯度，这就决定了我国绿色发展也是不平衡的。发达地区为了绿色目标，要将污染企业转移出去；欠发达地区为了发展目标，只能将污染企业接收下来。实现绿色发展，就要将绿色目标和发展目标结合起来。发达地区不能简单地将污染企业一转了事，而要对它们进行绿色改造。即使要转移也要先进行绿色改造，否则它们就会成为欠发达地区的绿色发展障碍。发达地区还要在绿色发展方面加强对欠发达地区的对口支援。欠发达地区不能为了发展而放弃绿色目标，在引进企业时必须进行绿色评估和改造。

其次，是绿色发展的政府主导性。市场经济在资源的优化配置方面具有优势，但在生态环境的保护方面却处于劣势。这是因为市场经济主张经济自由，容易放任企业的排污行为。我们要建设有中国特色的社会主义市场经济，这个中国特色就是政府对市场经济强有力的影响。政府代表了广大人民的利益，不允许生态环境的恶化。政府拥有巨大的可供自己直接支配的经济资源，还掌握大量的政策资源，它本身也是市场主体的一部分，这就决定了政府在推动绿色发展中具有主导作用。当然，这个主导作用主要体现在实现绿色目标方面，在实现发展目标方面还是应该由市场来主导。

再次，是绿色发展的长期性。我国是一个发展中的大国，过去由于缺乏绿色发展的理念，很多地方以 GDP 作为衡量干部业绩的主要标准，导致经济发展上去了，生态环境却遭到了破坏。自提出"绿水青山就是金山银山"理念以后，人们逐渐认识到了绿色发展的重要性，也采取了很多措施治理环境污染。但"冰冻三尺非一日之寒"，环境污染不是一日造成的，也不可能在短期内就得到彻底治理。人们的认识也还没有完全到位，对旧的发展模式还有路径依赖，对绿水青山不够重视，对金山银山趋之若鹜，总想着要把绿水青山转化成金山银山，导致旧的污染尚未消除，又产生了新的污染。还有的地方政府不愿为上一届政府造成的污染买单，只热衷于自己的"新蓝图"，甚至有意保留旧的污染，以反衬自己的新政绩。这就决定了我国绿色发展的道路还很漫长。我们只有学习愚公移山的精神，做好打持久战的准备，路子选对了就坚持走下去，才能最终实现绿色发展的宏伟目标。

最后，是绿色发展的阶段性。绿色发展的长期性和艰巨性决定了绿色发展必须分阶段进行，一个阶段一个重点，集中优势兵力打歼灭战。我国的绿色发展大致可分为四个阶段。第一个阶段是生态文明阶段。这一阶段的主要任务就是治理环境污染。环境污染问题严重，会严重地影响国民经济的发展和人民身体的健康。绿色发展的一个基本理念就是以人为本，人的生命和健康永远是最重要的问题。第二个阶段是资源节约阶段。节约资源是绿色发展两大目标之一，我们要实现建成社会主义现代化强国的中国梦，而资源又是稀缺的，形成一个巨大的瓶颈。要解决这个问题，一方面要增加资源总量，另一方面就要节约资源，使资源得到有效的利用。第三个阶段是绿色发展阶段。绿色发展和生态文明不同，生态文明主要讲绿色，绿色发展不仅要讲绿色，还要讲发展。也就是说，绿色发展是生态文明的升级版。这个阶段，我们要在环境治理和资源节约已取得巨大成果的基础上巩固成果，扩大战果，把生态文明和经济发展结合起来。我们的空气不仅没有雾霾，而且是清新的。我们的自来水不仅是清洁的，而且可以直接饮用。我们的垃圾不仅是分类的，而且能够重复利用。我们的经济是可持续发展的，绿色乘数要大于 1。第四个阶段是和谐社会阶段。我们的绿色发展要从经济领域向各个领域扩展。我们的社会环境要洁净，政治资源也要节约。要减少行政机构，减少行政开支，实行精兵简政和民主政治。我们的反腐行动不能停止，要从运动式的转变为常态式的。我们的绿色发展要从自然资源的节约、生态环境的洁净、人与自然的和谐共处，发展到人文资源的节约、社会环境的洁净、人与社会的和谐共处。

第三节　绿色发展的标准与评价体系

绿色发展的评价体系，指的是人们参照一定的标准，对绿色发展的性质、价值或优劣程度进行评判比较的一系列相互联系、相互制约的指标体系。有了这个评价体系，我们才能对绿色发展的概念有准确的把握，不至于把与绿色发展关系不大的东西也囊括进来，损害绿色发展的严肃性、科学性、合理性和系统性。

一、绿色发展评价体系的特点

绿色发展是针对工业化运动以来高消耗、高污染的线性经济而言的，它是一种资源节约、环境清洁的经济发展新模式。绿色发展系统有一定的位置与边界，是一个由社会、经济、生态环境等子系统组成的复杂大系统。在该系统中，通过合理配置各种资源，在系统的组织和管理过程中不断提高系统的有序程度，使大系统最优化、和谐化，以促进社会、经济和生态环境的协调发展。从系统论的角度看，绿色发展的评价体系应具有以下特点。

第一，整体性。绿色发展评价体系的整体性是指，要把社会、经济和生态环境等各方面作为一个整体来考虑，不能将它们割裂开来。既然是绿色发展，就既要有绿色指标，也要有发展指标，不能光有绿色没有发展，也不能光有发展没有绿色。绿色和发展要有机地结合在一起。

第二，层次性。绿色发展有鲜明的层次性，其评价体系也要有鲜明的层次性。就全国来说，下面可依次划分为省、市、县、乡，每个层次的评价体系既有共同性，又有特殊性。不能用高层次的标准来要求低层次，也不能用低层次的标准来衡量高层次。绿色发展水平应分层次客观评价以后再汇总，不能主观臆断，也不能层层掺水。

第三，动态性。绿色发展是一个动态过程，其评价体系也不能一成不变。既要维持评价体系的稳定性，不能朝令夕改，又要根据形势的变化对各项指标进行适当的调整，不能墨守成规。绿色发展的评价体系就是要建立良性循环的运行机制，对该系统的动态过程进行适时的监测、评价和反馈。

第四，地域性。各地区资源状况、发展水平存在差距，造成各地区绿色发展的不平衡性。所以，评价体系要有地域性，在选择一些基本指标的前提下，根据各地区的实际情况，制定一些有特色的指标，使得各地既有常规动作和中央保持一致，又可以通过一些自选动作发挥其主观能动性。

二、GDP 指标体系的贡献

GDP 是国内生产总值的简称，指的是经济社会（一国或一地）在一定时期内运用生产要素所生产的全部最终产品（物品和劳务）的市场价值之和。GDP作为国民经济核算体系中总量核算的核心指标，综合反映了一国或一地经济活动的总水平，对衡量和促进经济发展做出了重要贡献。

三、绿色 GDP 指标体系的概念和意义

从以上叙述可知，GDP 只能反映一个国家或地区经济增长与否，没有把资源和环境的成本扣除。也就是说，GDP 只有发展的指标，没有扣除绿色的成本，不

能全面地反映一个国家或地区经济发展的真实状况。我们要进行绿色发展，必须在传统 GDP 当中扣除绿色成本，使这个评价体系不仅能反映经济增长的数量，而且能反映经济发展的质量，能更科学地衡量一个国家或地区真实的发展和进步，从政策导向上鼓励全社会重视环境问题，走绿色发展的道路。绿色 GDP 评价体系综合了经济与环境核算，是一种全新的国民经济核算体系。

广义绿色 GDP 的定义是：绿色 GDP＝传统 GDP－自然环境部分的虚数－人文部分的虚数。狭义绿色 GDP 是扣除自然资产（包括资源环境）损失之后的新创造的真实国民财富的总量核算指标。通常使用的绿色 GDP 是狭义的绿色 GDP，它是指在不减少现有资本资产水平的前提下，一个国家或地区所有常驻单位在一定时期所生产的全部最终产品和劳务的价值总额。和传统 GDP 的定义相比，绿色 GDP 的定义多了一句话：在不减少现有资本资产水平的前提下。这里的资本资产既包括人造资本资产（如机器和厂房等），又包括人力资本资产（如知识和技术等），还包括自然资本资产（如森林、矿产、土地等）。而这个自然资本资产就是绿色 GDP 概念的点睛之笔，反映了绿色发展和传统发展的本质区别。所以，绿色 GDP 的概念可以用下面的公式来表示：

绿色 GDP＝GDP－自然资源耗减和环境退化损失－（预防支出＋恢复支出＋由于非优化利用资源而进行调整计算的部分）   （2-1）

上式中的预防支出指的是预防环境损害的支出，恢复支出指的是将损害的环境恢复原样的支出。可见，绿色 GDP 不仅能反映经济增长水平，而且能体现为了实现经济增长所付出的保护自然的代价。绿色 GDP 占 GDP 比重越高，表明国民经济增长对自然的负面效应越低。

采用绿色 GDP 评价体系有以下一些好处。

首先，有利于科学和全面地评价一个国家或地区的综合发展水平。绿色 GDP 能够对环境污染和生态破坏进行准确计量，使人们知道为了取得一定经济发展成就，付出了多少环境保护的代价，从而更冷静和客观地看待所取得的成就，采取有效措施降低环境损失。

其次，有利于动员公众积极参与环境保护事业。绿色 GDP 是一套公开的指标，通过它的发布，可以更好地保护和满足公众的环境知情权，促使公众从自己做起，自觉地保护环境，抵制破坏环境的行为。

最后，有利于政府职能的转变。过去用 GDP 考核官员政绩，他可以不顾资源和环境的保护；现在用绿色 GDP 来考核官员政绩，他再不顾资源和环境的保护就不行了。

绿色 GDP 虽然好，但也有不足之处，就是无法将绿色成本分解到相应的经济活动部门，因此无法明确经营者的责任。绿色 GDP 实行起来也面临着技术和观念上的两大困难。从技术上说，由于环境要素大都没有进入市场买卖，所以其价值难以衡量。比如，砍伐一片森林，原木可通过出售体现其价值，但造成水土流失和物种减少，其损失却因为没有市场价格而难以衡量。从观念上说，由于绿色 GDP 扣除了环境成本，一些地区的经济发展数据就会大大下降，官员的政绩也会比过去大大减少，他们的思想不一定能转过弯来。

目前，学术界围绕绿色 GDP 还有很多争论，世界上也还没有一套公认的绿色 GDP 核算体系。但无论怎样，绿色发展是大势所趋，挪威早在 1987 年就开始了资源环境的核算工作；我国原国家环保总局和统计局也已联合成立了一个"绿色国民经济核算研究"机构，做了很多工作。相信不久的将来，我国的绿色 GDP 指标体系一定会形成并逐步完善，为我国的绿色发展之路提供一盏指路明灯。

四、绿色乘数概念的提出

绿色 GDP 的评价体系虽然有积极意义，但它是将资源和环境保护作为成本从 GDP 中扣除的，给人的感觉就是资源和环境的保护是负面和消极的，只能影响经济发展和 GDP 增长。其实，资源和环境的保护不仅不会对经济发展起负面和消极的影响，反而会起到正面和积极的促进作用。

乘数是经济学的概念，指的是经济中因某一自变量发生变动而导致的因变量最终变动的幅度。比如，投资乘数，因为社会各部门是紧密联系在一起的，所以一个部门的投资会转化为下一级部门的消费，下一级部门的消费又有一部分转化为再下一级的投资，就这样发生了连锁反应，导致国民收入成倍增长。依照这个思路，我们也可以定义绿色乘数的概念：因为社会各部门是紧密联系在一起的，所以用于资源和环境保护支出的改变会引起国民经济各部门发生连锁反应，导致总的国民收入发生改变。国民收入的改变与资源和环境支出的改变的比值，就叫绿色乘数。如果我们用 K_L 表示绿色乘数,用 ΔL 表示资源和环境支出的改变,用 ΔY 表示。因资源和环境支出的改变所引起的国民收入的改变,则有:

$$K_L = \Delta Y / \Delta L \qquad (2-2)$$

绿色乘数是双向的,生态环境向好的方面变化,会引起国民收入成倍增长,绿色乘数表现为正数;生态环境向坏的方面变化,会引起国民收入成倍减少,绿色乘数表现为负数。

绿色 GDP 只是间接地反映了环境支出,而绿色乘数则能直接地反映环境支出,且能直接反映出环境支出与国民收入的乘数关系。绿色乘数的概念能使我们对绿色发展的性质、价值和程度做出准确判断,充分认识绿色发展的重要性。有人提出了旅游乘数的概念,并展开了讨论。我们认为旅游乘数应该和绿色乘数有关,因为生态环境的改变对旅游有很大的影响。但是不能用旅游乘数来代替绿色乘数,因为绿色乘数更全面,它不仅包括旅游乘数,还包括资源节约乘数、卫生健康乘数等,资源的节约和人的卫生健康状况的改善都对国民收入有很大的影响。这次新冠肺炎的世界大流行,不仅使人们的健康受到极大损害,也造成了中国和世界经济的巨大损失。新冠病毒通过飞沫得以传播,这说明我们的生态环境已受到了污染,防疫工作已成为绿色发展的重要组成部分。

第四节 绿色发展的必要性与紧迫性

一、绿色发展的重要性

我国是人均自然资源占有量比较低而环境容量也很不乐观的发展中大国,我们要实现建成社会主义现代化强国的目标,但满足这一目标要求的自然资源储备又比较少。不少地区片面追求 GDP 指标,曾使得资源浪费和环境污染现象比较严重。这次全球性的新冠肺炎疫情,是人类历史上一场严重的生态危机,所以,我国实行绿色发展战略具有必要性和紧迫性。

(一) 绿色发展是我国经济安全的重要保障

自然资源是国家经济安全的基础,如果自然资源不足,将会威胁到国家的经济安全。我们国家地域辽阔，资源丰富，但从资源拥有、消耗、利用效率、对外依赖程度、再生化等方面来看，情况不容乐观。

首先，从资源拥有角度看，我国无论是资源总量还是人均资源拥有量都严重不足。

其次，从资源消耗量角度看，我国的消费增长速度十分惊人，缺口巨大。

再次，从资源利用率角度看，我国与发达国家差距很大，仍处于粗放型增长阶段。

最后，从资源的对外依赖度看，我国国内资源不足，仍严重依赖外国。

总之，我国国内资源严重不足，已严重影响我国的经济安全。我国是一个经济大国，需要的自然资源这么多，自己又不够，依靠外国又不安全。怎么办？必须改换思路，节约资源，走绿色发展之路。

（二）绿色发展是调整产业结构、扩大就业的有效举措

绿色发展不仅要求节约资源、防止污染，也要求调整产业结构，转变经济增长方式，变粗放式经营为集约式经营，还要求大力发展环保产业，推行清洁生产。环保产业的发展是绿色发展的重要组成部分，它是国民经济和就业岗位新的增长点。

（三）绿色发展是提高国际竞争力的客观要求

出口是带动一个国家经济发展的强大动力，但我国出口面临的一个障碍就是"绿色壁垒"。所谓"绿色壁垒"，是指在国际贸易活动中，进口国以保护自然资源、生态环境和人类健康为由而制定的一系列限制进口的措施。我们不排除有的国家以此作为贸易保护主义的借口，但为了保护自然资源、生态环境和人类健康，对进口商品做一些限制还是必要的。国际标准化组织的 ISO 14000 标准就已经被越来越多的国家所采用，所以，我们的绿色发展遇到的既是一个挑战，也是一个机遇，它可以促使我们以更高的标准要求自己，从而提高国际竞争力。

（四）绿色发展是保障人民幸福生活的最终选择

我们现在所做的一切，都是为了人民的幸福生活，而身体健康又是人民幸福

生活的最重要保证。如果健康是1，那么其他东西是0。有了健康可以拥有一切，1后面可以跟很多0；没有健康这个1，那么0再多也没用。而绿色发展和人们的身体健康息息相关。我们常说"病从口入"，而我们吃的清洁食物、呼吸的干净空气，只有绿色发展才能提供。人的身体健康和心情愉快有很大关系，而绿色发展保护了我们的生态环境和社会环境，才能让我们赏心悦目、心情愉快。绿色发展不仅能促进生态文明和精神文明，还能促进物质文明，满足人们日益增长的物质和文化生活需要。绿色发展不仅能保证我们这一代人的幸福生活，还能保证我们子孙后代的幸福生活。

二、全面把握绿色发展的必要性和紧迫性

（一）绿色发展是解决严峻的资源环境问题的必然选择

1. 资源约束凸显

第一，矿产资源对外依存度大幅提高。当前，关系国计民生的绝大多数矿产资源国内已经无法保证有效供给，铜矿石、铁矿石、铝、石油等一些战略性资源对外依存度已经突破60%，受地缘政治、资源运输安全、价格波动的影响，资源过度依赖国际市场对经济平稳运行带来了重大影响。第二，人地矛盾日益突出。第三，水资源严重紧缺。环境破坏导致河流、湖泊和湿地大量减少，水资源利用总量锐减，人均水资源拥有量只相当于世界人均水平的1/4，水资源短缺正成为困扰经济社会发展的又一瓶颈制约因素。如何解决资源问题？只能是坚持绿色发展，全面节约和高效利用资源，走出一条生产发展、生活富裕、生态良好的文明发展道路。

2. 环境污染加重

目前，中国的环境问题已相当严峻，并呈现出时空压缩的特点，发达国家几百年工业化过程中分阶段出现的问题，在中国经过几十年高速、低效、粗放式的发展，已经集中爆发出来。每年因环境污染所造成的损失已占到GDP总量的10%，大气污染、水体污染、固体废弃物污染、农业面源污染、农产品安全等形势严峻，对给经济社会的可持续发展和中华民族的繁衍生息带来巨大压力。我国

的环境现状、外部条件和人口与环境特点，决定了我们不可能像发达国家那样先发展后治理或者将环境问题转移到国外，只能坚持绿色发展，边发展边治理的中国特色绿色发展之路。

（二）绿色发展是加强社会建设的重要渠道

第一，环境问题影响社会稳定。

第二，环境问题威胁群众身体健康。

第三，环境不公影响社会公平。一是城乡不公，有限的环保资金多投入城市，农村没有引起足够重视；二是区域不公，中西部地区以有限资源供应东部发展，但并没有得到足够的生态补偿；三是人群不公，在污染区生活的多为普通群众，而排放污染、成本外化、赚足利润的企业主等富裕阶层早已搬离污染区。

（三）绿色发展是营造良好外部发展环境的重要手段

目前，中国已超越美国成为世界第一温室气体排放大国，面对全球气候变暖对人类造成的巨大威胁，中国在碳排放问题上备受关注，指责声不断，在碳排放上一些发展中国家也离我们而去，甚至站在了我们的对立面。中国作为世界第二大经济体和第一人口大国，没有中国环境问题的解决和可持续发展水平的提高，全球的可持续发展就无从谈起。因此，必须坚持绿色发展，不但倡导和平崛起，更坚持绿色崛起，充分展现负责任大国形象，为发展营造良好的外部条件。

三、积极探索绿色发展的现实路径

（一）以生态文明理念引领人们的思想和行为

要加强生态价值观教育，生态价值指自然资源对自然生态系统的维护和改善所具有的价值。因此说，发展经济和改善环境二者不是顾此失彼、不可协调的，一定要将生态价值观和绿水青山就是金山银山的生态文明理念融入核心价值观中，在各地发展中真正起到引领作用。

（二）以建立与绿色发展相适应的生产方式为核心

1. 调整经济结构

一是要大力调整产业结构。产业结构是生产方式粗放还是集约的重要标志，要不断提高第三产业在三产中的比重，推进产业结构高级化。二是要改善要素投入结构。三是调整进出口结构。因此，要不断加强技术研发和品牌营销，实现由中国制造向中国创造转变，推动绿色发展。

2. 要大力推进低碳循环发展

低碳发展主要是要改变化石能源比重过高的能源结构，大力发展绿色清洁能源，积极开发天然气、煤层气和页岩气，同时推动煤炭等化石能源清洁高效利用。循环经济主要是按照"减量化、再利用和资源化"三原则，在生产环节提高资源利用效率，在消费环节提高产品使用周期，在废弃物利用环节实现循环使用，将经济发展由从资源到废弃物的单向流动的线性经济转变为资源循环往复利用的循环经济。

（三）以建立与绿色发展相适应的消费方式为基础

1. 要充分认识消费的下游效应在绿色发展中的作用

消费在产业链中处于下游，在下游减少一个单位的产品消耗，在上游能减少几十倍、几百倍甚至几千倍的资源投入，这就是消费下游效应。其可用生态包袱理论来理解，如一枚10克的金戒指生态包袱为3500公斤左右，下游消费与上游资源投入呈几何数变化。

2. 要大力倡导绿色消费、低碳消费和节约消费理念

绿色与低碳消费是由我国特殊的消费环境决定的，所以不管国家发展到什么程度，不管我们每个人是贫穷还是富有，都要始终坚持绿色低碳消费。

（四）以建立与绿色发展相适应的制度做保证

第一，规划先行，加快建设主体功能区。我们一定要按照优先、重点、限制、禁止的开发原则，根据功能定位科学有序开发，为绿色发展奠定良好的空间

基础。

第二，划定生态保护红线体系。要强化约束性指标，按照总量和强度双控制的原则，划定重要资源和重点生态安全区的生态保护红线体系，为各地绿色发展确定底线。

第三，改革生态环境保护管理体制。一是要发挥市场机制的作用。要深化价格体制改革，使价格能反映资源稀缺程度和环境损害成本，发挥市场在资源节约和环境改善中的基础性调节作用。二是完善法律体系，强化环境执法。要实施最严格的环境保护制度，从立法和执法两个环节解决守法成本过高、违法成本过低的问题。三是形成科学的治理架构。要实施环境监测监察执法机构垂直管理，建立全国统一的实时在线监测系统，建立信息公开发布制度，组建跨区域的环保监察机构等。四是建立考核评估和责任追究制度。要真正将对 GDP 的核算和官员的绩效考核由灰色转为绿色，要真正执行环境污染责任追究政府党委同责和终身追责，要根据功能定位实施差异化绩效考核，要施行领导干部自然资源资产离任审计制度。

（五）要强化科技创新对绿色发展的支撑作用

科技创新特别是重大颠覆性创新，往往能改变一个产业的业态和竞争格局。坚持绿色发展必须不断打破各领域的技术瓶颈，推动发展向绿色转型。目前，我国距离创新型国家还有较大差距，科技还不足以支撑绿色发展，特别是企业还没有成为技术创新的主体，科研力量主要集中在高校和科研院所，科技与经济两层皮，结合不紧密。因此，一定要坚持走产学研一体化发展道路，不断推进科技体制改革，使科技创新成为绿色发展的永恒动力。

第三章 绿色发展中的经济学

第一节 经济学与绿色发展理论

一、经济学与自然资本理论

经济问题是人类社会面临的普遍问题，它受到生产和消费的制约。在人类社会发展过程中，人的欲望是无限的，由此引起的对物品和劳务的需要也是无限的，但用来提供这些物品和劳务的生产资源却是有限的，这就叫资源的稀缺性。

经济社会中的生产资源也叫生产要素，主要包括劳动、资本、土地和企业家才能这四项。这里的土地不是狭义的土地，而是广义的土地，指的是土地及其下面的矿藏（金山银山）和上面的森林、河流等（绿水青山）。广义的土地是指自然资源。绿色发展理论主要涉及的是自然资源。资源稀缺性的存在，使得人们必须考虑如何使用有限的资源来满足人类无限的需要，这就诞生了经济学。

大多数经济学家把经济学定义为：经济学研究社会如何使用稀缺资源生产出有价值的商品，并把它们分配给不同的人。这个定义中最基本的思想有两点：一是资源的稀缺性，二是社会必须以有效率的方式使用资源。面对资源的稀缺性，个人、企业和政府等会做出各种各样的选择，这些选择共同决定了有限资源是如何使用的。这个过程叫作资源配置。所以，经济学也可以简单地定义为：研究资源有效配置的一门学科。

从经济学的定义中我们不难看出，绿色发展为什么要把经济学作为理论基础，这是因为绿色发展所要解决的两个主要问题：资源的浪费和环境的污染，每一个问题都和经济学的研究方向高度吻合，都是经济学所关心和研究的问题。在这本书里，我们之所以从经济学最简单的需求与供给说起，就是为了说明绿色发展和经济学这种密不可分的关系。甚至可以这么说，绿色发展理论就是经济学理论的一部分，是经济学的深入研究和实际运用。当然，一般经济学的研究对象主要是劳动和资本，而绿色发展理论的研究对象主要是自然资源。自然资源和其他资源相比有它的特殊性。所以，我们在研究绿色发展问题时不能照搬、硬套一般经济学的理论和方法，而要把一般经济学的理论和方法灵活地运用到绿色发展问题的研究中去，争取有所创新。

经济学里的自然资本理论对我们研究绿色发展中的很多问题都有帮助。2002年，在国际大都市生态、环境与可持续发展研讨会暨2002年圣保罗年会上，来自巴西里约热内卢的经济学家安东尼奥发表了题为《自然资本主义论》的论文，引起了与会者的关注。传统意义上资本有三种：加工资本（如基础设施、机器、工具和工厂等）、金融资本（如现金、投资等货币手段）和人力资本（如劳动、智力、文化、组织）。但安东尼奥认为，还存在第四种形式的资本——"自然资本"，它由自然资源、生命系统和生态构成。安东尼奥指出，近代的工业资本主义过于追求盈利，而完全忽视了地球上最大的资本储备——自然资源和生命系统，以及作为人力资本基础的社会和文化系统，即"自然资本"。这种错误认识导致了在过去30年中，地球上1/3的自然资源已被消耗殆尽。淡水生态系统和海洋生态系统正以每年6%和4%的速度消失，人类真正感到了生存环境恶化的威胁。解决之道在于，必须把环境纳入资本范畴。环境不再是生产以外的因素，而是"包容、供应和支持整个经济的一个外壳"。为此，安东尼奥提出四项战略建议：提高自然资源基本生产率，减少废料生产，发展服务和流通经济，向自然资本投资。其核心是通过主动行动，使生物圈生产出更丰富的自然资源，推动生态系统服务，减少环境破坏，促进经济可持续发展。许多与会专家认为，"自然资本"概念富有启发性。工业经济追求个体利益而忽视环境保护的做法在新的世纪已备受指责。在同一片蓝天下，任何破坏环境的个体行为不仅害人，最终也将害己。

有了自然资本理论以后，绿色发展中的很多现象得到了很好的解释。为什么"绿水青山就是金山银山"？因为绿水青山是一种自然资本，它能创造更大的价值。什么是绿色乘数？它就是自然资本的投资乘数。我们的绿色发展，是"绿色"和"发展"的紧密结合；而自然资本的投资，既包括被动的环境治理，又包括主动的经济发展。环境治理是"烧钱"的事情，主要解决经济发展导致的负外部性问题；而自然资本的投资是创造价值的事情，主要利用自然资本的正外部性创造经济增长的新动力。自然资本的存量越大，经济的安全系数、发展前景就越大。所以，自然资本是中国乃至世界新的增长动力，发掘绿水青山的价值，正是绿色发展所倡导的目标和宗旨。自然资本的出现，改变了世界未来的投资结构和投资方向，将使世界经济重获生机。自然资本理论也给绿色发展理论添砖加瓦，使这个理论更加厚实，更加丰富多彩。

二、绿色发展理论的基本假设和研究方法

经济学既然是绿色发展理论的理论基础，那么经济学的基本假设也就是绿色发展理论的基本假设。经济学的基本假设是经济人假设，它有两方面的内容。第一，在经济活动中，经济主体（包括居民户、厂商和政府等）所追求的唯一目标就是自身的经济利益最大化。也就是说居民户追求效用最大化，厂商追求利润最大化，政府追求政绩最大化。第二，经济主体所有的经济行为都是有意识的和理性的，不存在经验性的或随机性的决策。那么，毫无疑问，绿色发展理论的基本假设也是经济人假设。试想，企业如果不以利润最大化为目标，它会乱采资源、乱排废料吗？所以要对这些现象进行实证分析，还是要以经济人假设为前提。

有人不理解为什么要有假设。这是因为没有假设把复杂的事物简单化，就没办法从一团乱麻中找到头绪，所以，科学理论都有假设。但为什么要假设人人都是自私自利的呢？这是因为这样更接地气，出台的政策更有利于执行。有这么一个故事，说在春秋战国时期，鲁国有这样一条规定：凡鲁国人到其他国家看到有鲁国人当奴隶的，可以先把人赎回来，再到官府报销费用，还能得到奖励。一次，孔子有一个弟子赎了一个人回来，却没有报销费用，也没有领取奖励，人们纷纷夸奖他品格高尚。谁知孔子知道后不仅没有表扬他，反而说他做得不对。这是为什么呢？这是因为如果他受到表扬，那么那些赎了人要求报销和奖励的人就会被反衬为不高尚。于是人们遇到这种事就很纠结，赎一个人要花不少钱，报销了有人诋毁，不报销又负担不起。怎么办？干脆装作没看见。这样一来鲁国的这条解救奴隶的政策就会泡汤。事实上，我们的很多政策都是以经济人假设为前提的，照着办就有利，不照着办就要受到惩罚，这才能鼓励和约束人们去执行。如果违背经济人假设的行为受到鼓励，就可能使这个政策很难执行下去。所以，

奥地利经济学家费里德里希·奥古斯特·冯·哈耶克（Friedrich August von Hayek）说：制度设计的关键在于假设，从"好人"的假设出发，必定设计出坏制度，导出坏结果；从"坏人"的假设出发，才能设计出好制度，得到好结果。

绿色发展理论的研究方法也和经济学一样，主要是均衡分析的方法。均衡分析是经济学借用物理学的概念而来的，物理学中一根棉线拴着一个重物，该重物由于外力的作用来回摆动，最后停止在一个静止状态，这就叫均衡。19世纪末，英国的经济学家阿尔弗雷德·马歇尔（Alfred Marshall）把这一概念引入经济学，主要指各有关变量在相互作用之后处于静止状态。通常我们将需求曲线和供给曲线放在一个坐标系里，让需求的力量和供给的力量在里面相互作用。当需求曲线与供给曲线相交于一点时，这两种力量就处于均衡状态。经济学之所以要用均衡分析的方法，就是因为需求和供给这两种力量时刻在较量，在变动，令人眼花缭乱。只有在它们相对静止的时候，我们才能比较清楚地看到它们较量的阶段性成果，才能据此预测未来的发展方向。均衡分析用于分析各种经济变量之间的关系，说明均衡是如何实现的，它是怎样变动的。绿色发展也是研究人与自然的关系怎样才能实现均衡发展，所以均衡分析是绿色发展理论中常用的一种方法。

本书既然选择经济学作为分析工具，必然要用到数学模型。数学模型里既有数理模型，也有计量模型。本书主要用数理模型，就是假设其他的经济变量都不变，只留下两个经济变量，一个用横轴表示，另一个用纵轴表示，再用曲线来表示它们之间的关系。我们知道，数学的逻辑性是很强的，之所以大量使用数理模型，就是为了让结论在逻辑上更能站得住脚。

我们用均衡分析和模型分析的方法产生了一些新的结论，如绿色乘数定理、丰产不丰收定理、绿水青山定理、可持续发展定理等。之所以把它们称为定理，首先，是因为它们都经过了模型的检验，在逻辑上能站得住脚；其次，也是为了和一般的文科书籍相区别，用理科元素吸引读者的注意；最后，则是希望能在这些定理的基础上推演出更多新的结论，而不必每次都要回到原点。其实，经济学里用模型证明的结论被称为定理的也不少，比如罗伯津斯基定理，它就是在坐标系里用横轴表示劳动，纵轴表示资本，用两个平行四边形证明的。

均衡分析可分为局部均衡分析和一般均衡分析。局部均衡分析是马歇尔提出来的，考察的是在其他条件不变时，单个市场的均衡与变动。一般均衡分析是瓦尔拉斯提出来的，它是研究所有经济变量在相互作用下是怎样达到均衡的，又是如何变动的。我们这里将局部均衡分析和一般均衡分析分开来叙述，并没有遵循严格的分类标准，只是简单地将需求曲线与供给曲线相交时实现的均衡称为局部均衡，将价格线和生产可能性曲线、无差异曲线相切时实现的均衡称为一般均衡。这样做只是为了叙述的方便而已。

三、绿色发展理论研究对象的属性

不论是绿水青山还是金山银山，它们都是自然资源。自然资源是指人类可以直接从自然界获得，并用于生产和生活的物质与能量。它们既是自然环境的重要组成部分，又是自然环境与人类联结的纽带。因为自然资源是绿色发展理论研究的对象，所以我们在正式展开论述之前有必要分析一下它的属性。绿色发展理论正是从自然资源的多重属性出发来展开论述的。

自然资源具有多重属性：有用性、地域性、稀缺性和可替代性。

自然资源的有用性指的是自然资源可以满足人类某种需要的属性。绿水青山能够为人类提供粮食、棉花等各种生活必需品，金山银山（这里指矿山）能够为人类提供煤炭、石油等各种生产必需的原料。所以我们说，既要绿水青山，又要金山银山。自然资源是人类赖以生存和发展的基础。

自然资源的地域性指的是自然资源的分布极不平衡。绿水青山在我国北方不如在南方更普遍，金山银山在南方却不如在北方更常见。北方稀松平常的石头和沙子，在南方却是宝贝，所以有人不惜破坏绿水青山也要把它们挖出来。南方做到绿水青山很容易，温润的气候很适宜树木生长，可在北方每年都要花大力气植树造林、退耕还林。北方人来到南方往往被那里优美的自然风光所吸引，感叹老天爷不公平。南方人来到北方往往被那里丰富的矿产资源所吸引，也认为老天爷不公平。其实，老天爷还是很公平的，不能让你什么都有，否则人类就不会努力奋斗了。由于我国地域辽阔，人们很难把南方的绿水青山搬到北方去，把北方的金山银山搬到南方来，这就是自然资源的地域性。"愚公移山"反映了人们的美好愿望，实际却很难做到。

自然资源的稀缺性可以从两方面来说。从绝对意义上说，不论是绿水青山还是金山银山，它们的数量都是有限的，取一点就少一点，不可能取之不尽用之不竭。从相对意义上说，人们的欲望是无限的，相对于人们无限的欲望来说，再多的资源也嫌少。有一个故事，说有一个人夜里到了太阳山，看到那就是一座金山，有数不尽的金子，高兴极了。本来挖一些就可以了，但他太贪心，挖了又挖舍不得走，结果太阳出来了，把他烧死了。人类如果不能对自然资源进行有效的保护和有节制的开发，最终会使整个地球和人类毁灭。

自然资源的可替代性是说，随着科学技术的进步，在价格机制的作用下，很多资源都可以找到它的替代品。

第二节　绿色发展的局部均衡分析

一、自然资源的需求和消费者剩余

由于自然资源的有用性，人们就对它有需求。自然资源的需求是指在某一特定时期内，在每一种可能的价格下，消费者愿意并且能够购买的某种自然资源的数量。需求和需要不同，需求有两个条件，一个是有购买愿望，另一个是有购买能力；需要只有一个条件，那就是有购买愿望。

由于自然资源具有可替代性，所以它的价格和需求量之间存在着反向变动的关系。不同的自然资源，可替代品的数量是不同的，因而需求量随价格变动的幅度也是不同的。如果一种资源的可替代品数量多，价格只要提高一点，人们就去寻找它的替代品，从而使得需求量减少很多，我们称这种资源的需求富有弹性。如果一种资源的可替代品很少，那么它的价格虽然上升很多，但人们很难找到它的替代品，所以它的需求量不会减少很多，我们称这种资源的需求缺乏弹性。

一种资源的需求是富有弹性还是缺乏弹性，可以用图形来表示。我们用横轴表示需求量，纵轴表示价格，由于资源的价格和需求量之间存在着反向变动的关系，因此它的需求曲线是向右下方倾斜的。需求富有弹性，需求曲线倾斜的幅度大；需求缺乏弹性，需求曲线倾斜的幅度小。

和自然资源的需求联系在一起的一个概念叫消费者剩余，它是消费者消费某种资源时愿意付出的价格和实际付出的价格之间的差额。比如，某一家三口到某一景点去旅游，这里自然风光秀丽，人文景观独特，服务设施齐全，服务态度良好，他们玩得很高兴。走的时候一算账，全家人连吃带住带门票，原以为要花800元，结果只花了500元，他们很满意，觉得这钱花得值。这种物超所值的感觉就叫消费者剩余。这一家人在这个景点的消费者剩余为800-500=300元。

消费者剩余的概念有助于我们理解自然资源的价格。有些自然资源的价格比较好理解，比如石油、煤炭，以及旅游景点，它们的价格由市场来决定。有些自然资源的价格就不太好理解了，比如空气、河水，它们有价格吗？有人认为没有价格，人们可以随便呼吸、随便饮用。其实，它们是有价格的，只不过它们的价格无法直接体现，只能间接体现。

二、自然资源的供给和政府干预

在经济学里，土地的概念不仅包括土地，还包括江河、湖泊、草原、山脉、森林、矿产等。所以，土地就是自然资源的代表。在我们国家，城市土地是国家所有的，由政府代管；农村土地是集体所有的，由政府监管。所以，可以把政府看成是自然资源的供给者。政府要向资源的使用者收取一定的费用，这个费用就是自然资源的使用价格。

自然资源的供给是指在某一特定时间内，在各种可能的使用价格下，自然资源的所有者愿意并且能够提供的某种自然资源的数量。为了自然资源的节约和合理使用，自然资源的供给必须遵循价值规律，即使用价格高，供给就多；使用价格低，供给就少。所以，从短期来说自然资源的供给量与使用价格之间是同方向变动的关系。如果用横轴表示供给数量，纵轴表示使用价格，那么供给曲线就是一条向右上方倾斜的曲线。

不同的自然资源，使用价格的变动所引起的供给量变动的幅度是不一样的，这叫供给弹性不同。自然资源的供给弹性与获取自然资源的难易程度有关，难以获取的，供给缺乏弹性；容易获取的，供给富有弹性。由于自然资源的有限性，很多自然资源又难以获取，所以短期来说其供给是缺乏弹性的，表现为供给曲线比较陡直。

和供给曲线联系在一起的一个概念叫生产者剩余，它等于生产者出卖商品所得到的价格减去生产者实际支付的成本。生产者剩余的概念和消费者剩余的概念不同，消费者剩余是消费者的感受，生产者剩余是生产者实实在在得到的好处。

三、土地价格上升定理和丰产不丰收定理

在经济学中，当一个经济量与其他经济量相互作用达到一种相对静止的状态，就称该经济量处于均衡状态。我们将需求曲线与供给曲线放在一个坐标系里，它们相交时在交点位置就实现了均衡，这时的价格称为均衡价格，这时的数量称为均衡数量。均衡状态不断会被打破，旧的均衡被新的均衡所取代，人类社会就是这样不断进步。我们用均衡价格理论来证明两个定理。

（一）土地价格上升定理

在长期，当自然资源只有一种用途即生产性用途时，其供给是固定不变的，表现为供给曲线是一条垂线。

（二）丰产不丰收定理

所谓丰产不丰收定理，就是在土地没有规模化经营的条件下，虽然农作物的产量增加了，但农民的收入不一定增加，甚至还有可能减少。这里的"产"，指的是产量；"收"，指的是收入。

不光小麦的生产会碰到这个问题，自然资源的利用也会碰到这个问题。比如，大家都搞植树造林、美化环境，结果绿水青山多了，乡村旅游反而不赚钱了。这没有什么奇怪的，这是由农产品和农村的特点所决定的。农产品是必需品，它的需求缺乏弹性；绿水青山也是必需品，它的需求也缺乏弹性。所以，虽然产量上去了，但由于产品数量增加引发的价格下降的幅度更大，必然会出现丰产不丰收的情况。在农村土地没有规模化经营以前，丰产不丰收就是一条必然规律，谁也改变不了，再努力再科技进步也不行，政府的支持价格也不能解决长远问题。那怎么办呢？现实逼得我们不得不走城镇化的道路。也就是说，农村只留下少数人种庄稼，搞规模化经营，大部分人进城打工。乡村旅游也只留给有特色的地方去搞，其他村庄任它荒芜成为动植物的天堂。大片土地只有由少数人种植才能搞机械化，实现规模化生产，产量多了分的人少，每个人的收入才能提高。景点实行的则是规模化消费，因为有特色所以游客多，收入也就多，每个经营者

分的也就多。现在很多地方已经出现了这种迹象，这是大势所趋。

这样不仅能丰产丰收，而且自然资源也能得到很好的保护和利用。

四、利润最大化原则与资源节约

企业的目标是利润最大化。有人认为自然资源使用得越多，企业的利润就会越大。其实不是这样的。企业在生产过程中，起初随着资源使用量的增加，企业利润是增加的，且当资源的使用达到一定量时企业利润最大，但这时如果再增加资源的使用，却只会造成资源的浪费，企业利润不仅不会增加，反而会减少。为什么会这样呢？我们来看企业的利润是怎样产生的。

企业利润等于企业的收益减去企业的成本。企业的收益并不会随资源使用量的增加而一直增加下去，这是因为有一个边际收益递减规律在起作用。边际收益就是每增加一个单位资源所增加的收益。它之所以会递减，是由资源的性质所决定的。由于资源的有用性，最初资源的使用会给企业带来收益。又由于资源的有限性，使该资源越用越少，价格越来越贵。还由于资源的可替代性，贵的资源就会被便宜的资源所取代，导致该资源的收益减少。

边际收益等于边际成本，这是企业利润最大化原则。根据这个原则，我们不仅能够把握自然资源的使用量，还能确定自然资源的价格。我们来看下面的一个例子。浙江杭州灵隐寺，是一个著名的旅游景点，进去是要收门票的。灵隐寺外面有一个虎跑泉，据说用这里的泉水泡龙井茶可称为绝配，很多人提着塑料桶到这里排队接水，是不收钱的。为什么？这个问题可能很多人没想过。

五、生态环境的污染与治理

环境污染是绿色发展的一个大挑战。我们先看环境被污染的代价。环境污染的治理光靠市场是不行的，需要政府来干预。政府也不能完全消除污染，这不仅是因为技术水平达不到，也是因为污染治理要花成本。那么，污染的治理应该达到什么样的程度呢？这就要边际收益等于边际成本，实现社会利益的最大化。

污染治理一般有三种办法：一是规定排放标准，超过标准要惩罚；二是对排污收费，排得多收得多；三是实行可转让许可证制度，即有了许可证才能按要求排放，许可证可以买卖。这三种办法各有优缺点。

第三节　绿色发展的一般均衡分析

一、社会福利最大化

绿色发展的目的，就是实现社会福利最大化。社会福利涉及生产和消费两方面，是生产和消费的均衡发展。下面我们考察社会福利最大化是如何实现的，为此要用到两个工具：生产可能性曲线和无差异曲线。

自然资源的稀缺性产生了一系列经济问题。考虑一个经济社会，它既要青山，又要矿山，因为这两类自然资源都是必需的，又是有限的，所以我们只能选择两者的一个数量组合。

一个经济社会不仅需要生产不同的资源，也需要消费不同的资源。该社会消费一定数量的资源组合所得到的满足程度是无法准确衡量的，但可以将满足程度的大小进行排序。如果我们能够将给社会带来相同满足程度的资源组合点汇集到一条曲线上，这条曲线就叫无差异曲线。

二、绿水青山定理和可持续发展定理

有了社会福利最大化的概念，我们来证明两个定理：一个是绿水青山定理，一个是可持续发展定理。

（一）绿水青山定理

"绿水青山就是金山银山"理念之所以能够发挥巨大理论效能，根本原因在于其从马克思主义历史辩证法出发，掌握了社会历史充当辩证法根基的理论要义，以科学理念回应时代发展带来的新问题新挑战，满足了中国特色社会主义建设的客观需求。

（二）可持续发展定理

绿色发展不仅是我们这一代人的事，也是涉及我们子孙后代的事，而资源是有限的。所以,我们要把绿色发展提升到可持续发展的高度,给后人留下更多的生态资产。这就是可持续发展定理。

三、绿水青山定理的再证明

(一) 机会成本递增的生产可能性曲线

自然资源的稀缺性使得我们不得不做出选择,如果选择金山银山多一些就只能选择绿水青山少一些,反之亦然。这就是选择的成本,叫机会成本。机会成本就是因选择而放弃其他机会所形成的代价。在这里,机会成本是递增的,这是因为每种资源适合生产的产品是不一样的,当我们越来越多地增加某种产品的产量时,就会越来越多地使用并不适合生产这种产品的资源,从而增加成本。所以,生产可能性曲线不是直线,而是一条凹向原点的曲线。

(二) 机会成本递增的绿水青山定理

在既定的经济资源和生产技术条件下,每增加一单位一种产品的产量所产生的机会成本递增,即要放弃更多其他产品的产量。

四、资源陷阱和悲惨增长定理

(一) 资源陷阱

所谓资源陷阱,指的是对于一个国家或省市区来说,随着科学技术的进步,自然资源在经济发展中的地位会发生变化。如果过分依赖一种资源,那么当这种资源的地位下降时,经济就会陷入困境。这就和人一样,年轻漂亮是一种资源,可以带来利益,但如果过分依赖这种资源而忽略了其他方面的发展,一旦人老珠黄便会顿感红颜薄命。资源陷阱多数发生在过分依赖矿产资源即金山银山上。

自然资源在经济发展中的地位之所以会发生变化,首先是因为产品具有生命周期,用于生产产品的自然资源的价值也就有了周期性的变化。产品的一生要经历初创、成长、成熟和衰老四个阶段,产业也由此划分为朝阳产业、成熟产业和夕阳产业三种类型。如果我们没有看到产品和产业的这种发展趋势,居安思危,早做准备，没有通过创新给企业注入新的活力，那么迟早会堕入资源陷阱之中。

自然资源的地位发生变化的第二个原因，是资源的地域性。随着地区发展的梯度推移，有的资源原来在地区发展中处于重要地位，现在变得不那么重要了；有的资源原来无人问津，现在变得很重要，甚至成了地区经济发展的支柱。梯度推移理论告诉我们：创新活动大多发源于高梯度地区，然后随着时间的推移和产品周期的变化，按顺序向中梯度地区和低梯度地区推移。在我们国家，创新活动一般也都是发源于东南沿海地区，然后逐步向中部地区、西部地区转移。有的西部地区为了鼓舞人心，提出了跨越式发展的战略，但鲜有成功的案例。当地区经济发展的重心发生转移时，如不能顺应潮流及时进行产业结构调整和转型升级，就会陷入停滞不前的泥淖。

（二）悲惨增长定理

自然资源的地位发生变化，导致它的价格也发生变化。如果资源输出增多导致资源价格大幅下降，使得转移到其他地区的利益超过了输出地的利益，那么该地的福利水平将低于资源输出前，这种情形被称为"悲惨增长"。悲惨增长定理是说，如果一个国家或省市过于偏重一种自然资源的开发和利用，就有可能导致该国或省市的福利水平下降。

一般来说，出现悲惨增长需要几个条件。①经济增长偏向产品输出部门。在绿水青山和金山银山中，绿水青山是无法输出的，只有金山银山可以输出。②输出产品在国际或国内市场占有相当比例，它的变动足以影响市场价格。③输出产品需求价格弹性很低。像煤炭、石油和棉花等，都是生活必需品，需求缺乏弹性。

五、资源的绝对优势和比较优势

（一）资源优势与综合效益

自然资源与经济发展既存在背离的一面，也存在统一的一面。这是因为自然资源分为两种：一种是可移动的，如石油、煤炭等矿藏，也称金山银山；一种是不可移动的，如沿海、临江、沿路、近景区等，绿水青山也包括在里面。资源陷阱往往是因为资源可移动，而资源优势往往是因为资源不可移动。我国很多发达地区都缺少可移动资源而拥有不可移动资源，而很多欠发达地区都缺少不可移动资源而拥有可移动资源。

（二）绝对优势定理

因为自然资源的地域性，一个地区很难拥有经济发展所需要的全部资源，所以各个地区之间才要开展贸易，互通有无。有时虽然自己地区已经拥有了某种资源，但别的地区开发这种资源更有效率，我们也会放弃本地区资源的开发，而是花钱把这种资源买进来。这样既提高了效率，又可避免多处开发所造成的环境污染。怎样才能使资源的生产和交换对双方都有利呢？这就需要分工，实行专门化的开发，以取得规模效益。这里有一个绝对优势定理，就是本地区只开发与别的地区相比具有优势的资源，然后交换，则对双方都有好处。和别的地区相比具有的优势，就叫绝对优势。

（三）比较优势定理

如果一个地区没有任何绝对优势，是不是就不能参与地区之间的分工合作呢？也不是，我们还有一个比较优势定理，就是本地区只开发在本地区内具有优势的资源，然后和别的地区交换，则对双方都有好处。自己和自己相比具有的优势，叫作比较优势。

运用绝对优势原则和比较优势原则不仅有利于提高资源的开发效率，也有利于环境的保护。这是因为专业化的分工不仅在生产上能形成规模经济，在环境的保护上也能发挥规模效益。每个地区只开发具有绝对优势或比较优势的资源，很多资源就可以保留下来，而要开发的资源也能形成规模，有利于资源的综合利用和废料的集中处理。如果经济发展过程中所需要的资源都要自己去开发，搞得遍地开花处处冒烟，每个开发点的规模都很小，资源无法细分利用，废料也无法细分处理，必然会造成资源的浪费和环境的破坏。所以，要变无序开发为有序开发，变小规模无保留掠夺式开发为有选择有保留有计划开发，给后人留下足够的有价值矿藏，以促进可持续发展。

有人可能会产生疑问：悲惨增长定理告诉我们不能偏重一种资源的开发和利

用，绝对优势定理和比较优势定理又告诉我们只能进行一种资源的开发和利用，这是不是矛盾的？我们请读者注意一下悲惨增长的第二个条件：输出产品在国际或国内市场占有相当比例，它的变动足以影响市场价格。满足这个条件的大多是一些大国和大的地区，小国和小的地区很难满足这个条件。所以，对于我国的各省区市来说，不能只偏重于一两种资源的开发和利用，以免陷入悲惨增长的境地；而对于乡镇来说，则要遵循绝对优势和比较优势定理，进行专业化分工，搞"一村一品"，发展绿色产业集群。我国有一些产业集群，浙江省就有不少这样的产业集群，输出产品在国际或国内市场占有相当比例，它的变动足以影响市场价格。它们会不会是悲惨增长？我们请读者再注意悲惨增长的第三个条件：输出产品需求价格弹性很低。我国东南沿海地区的产业集群大多不具备这个条件，所以不用担心。

第四章 绿色发展中的国民收入

第一节 绿色发展与国民收入的循环

一、绿色发展与国内循环

（一）环境支出对两部门经济的影响

理论都是从简单到复杂的，我们先假设一个两部门经济，就是只有居民户和厂商的经济。在这个经济中，居民户向厂商提供生产要素（包括劳动、资本、土地和企业家才能）；厂商生产出产品和劳务，用销售收入支付生产要素的报酬（包括工资、利息、地租和正常利润）。居民户将收入一分为二，一部分作为消费，购买厂商的产品和劳务，又回到厂商那里；另一部分作为储蓄，本来是一种漏出，但通过银行转化为贷款又成为注入，也回到厂商那里。厂商有了钱又可以生产了。国民收入就是这样循环的。以上假设是企业没有对环境造成不良影响。如果企业对环境造成了不良影响，情况就有所不同，居民户除了消费和储蓄外，还不得不拿出一部分收入去应付不良环境，如戴口罩，买纯净水，寻医问药，购买治污设备或者搬家。我国一线城市就因为土地价格太高，房屋价格太贵，流失了不少企业和人才。这叫作环境支出，也是一种漏出。但在两部门经济的条件下，环境支出无法转化为注入。这样，企业无法得到全额的注入，生产规模必然会下降，国民收入的循环必然会收缩。

设国民收入为 y，消费为 c，a 为自发消费，即 y 为 0 时的消费；b 为边际消费倾向，即收入每增加一单位相应的消费增加量。则有 $c = a + by$。设投资为 i，则有 $= c + i$。解联立方程得两部门经济的均衡国民收入为：

$$y = \frac{a + i}{1 - b} \tag{4-1}$$

可见，两部门经济中均衡的国民收入取决于投资 i、自发消费 a 和边际消费倾向 b。如果企业没有对环境造成不良影响，居民户只有消费和储蓄两项支出，边际消费倾向 b 会大一些，国民收入 y 相应也会多一些。

如果企业对环境造成了不良影响，居民户除了消费和储蓄两项支出以外，还有环境支出，边际消费倾向 b 会减小，国民收入 y 也会相应减少。

（二）环境支出对三部门经济的影响

很多问题光靠居民户和厂商解决不了，于是它们选出政府帮助它们。三部门经济就是在两部门经济的基础上再加上政府。在没有环境污染的情况下，厂商和居民户向政府上税，政府向居民户转移支付，向厂商购买产品和劳务，国民收入实现了循环。这时的注入有投资和政府支出，漏出有储蓄和税收。在有了环境污染的情况下，由于居民户有了环境支出，这部分漏出必须由政府和居民户通过自然资本的投资，注入给厂商。当注入等于漏出时，厂商才能维持正常生产，国民收入才能实现循环。由于是国民收入在国内的循环，所以叫内循环。居民户原来已经对厂商有投资了，再加上现在的自然资本投资，所以叫双重投资。

设政府税收为 t，转移支付为 t_r，政府购买和投资为 g，个人可支配收入为 y_d，则：

$$y_d = yt + t_r \qquad (4-2)$$

$$c = a + by_d = a + b(y - t + t_r) \qquad (4-3)$$

$$y = c + i + g = a + b(y - t + t_r) + i + g \qquad (4-4)$$

用代入法，可求得均衡的国民收入为：

$$y = \frac{a - bt + bt_r + i + g}{1 - b} \qquad (4-5)$$

可见，三部门经济中决定国民收入的因素除了边际消费倾向 b、自发消费 a、投资 i 以外，还增加了政府税收 t、转移支付 t_r 和政府购买 g。如果企业对环境造成不良影响，为补偿环境支出，居民户增加自然资本的投资，使投资 i 增加；政府增加绿色产品和劳务的购入，使政府购买和投资 g 增加；政府再采取措施改善环境，使居民户的环境支出减少，消费倾向 b 增加。那么，注入会等于漏出，国民收入会继续循环下去。

(三) 环境支出对四部门经济的影响

如果在三部门经济的基础上再加上国外部门，就是四部门经济，也称开放经济。在四部门经济中，注入为投资、政府支出和出口，漏出为储蓄、税收和出口。当投资+政府支出+出口＝储蓄+税收+出口时，国民经济实现了均衡。这个循环既有内循环，又有外循环，即国民收入在国外的循环。

在四部门经济中均衡收入变为 $y = c + i + g + nx$，式中 nx 指净出口，为出口 x 与进口 m 之差额。设 m_0 为自发性进口，即和收入没关系的进口；γ 为边际进口倾向，即收入增加 1 单位时增加的进口。这时，均衡的国民收入为：

$$y = \frac{1}{1 - b + \gamma}(a + i + g - bt + bt_r + x - m_0) \tag{4-6}$$

从上式可知，影响开放经济国民收入的因素除了三部门的因素以外，又增加了出口 x、自发进口 m_0 和边际进口倾向 γ。出口 x 越多，国民收入 y 越多；自发进口 m_0 越多，国民收入 y 越少；边际进口倾向 γ 越大，国民收入越少。如果自发进口 m_0 中增加了国外污染物，不仅造成了国内环境的污染，也增加了自发进口和边际进口倾向，使国民收入减少。

二、影响绿色发展的主要因素

(一) 国民收入的注入与漏出

以前有一个相声，说上初中的儿子回来问父亲一道数学题：有一个水池既有进水口又有出水口，打开进水口多长时间可把池子灌满，打开出水口多长时间可把水放完。问：同时打开进水口和出水口会怎样？父亲回答不出来，急了："谁吃饱了撑的出这样的题？"其实，每个国家都有一个大水池，不过这个水池里不是一般的水，叫国民收入流量；也不是一般的进水口和出水口，进水口是投资、政府支出和出口，它们被统称为注入；出水口是储蓄、税收和进口，它们被统称为漏出。

国民收入流量的"水池"有个管理员，他的名字叫政府。过去政府的任务只有一个：既不能让水干了（这叫经济低迷），也不能让水溢出来（这叫通货膨胀），而是要维持国民收入有个稳定的增长。这个任务叫作"发展任务"。完成发展任务要靠政府的宏观调控。经济低迷时政府增加注入，减少漏出；通货膨胀时政府减少注入，增加漏出。现在情况不同了，资源浪费和环境污染问题很严重，水库里的水变浑浊了，于是政府又增加了一个指标：控制好进水口，不能让被污染和浪费的水进来。这个指标叫"绿色指标"。绿色指标和发展指标是紧密联系在一起的，因为完成这两项指标都要依靠投资、政府支出和出口这三项注入，所以它们可以统称为绿色发展指标。政府完成绿色发展指标有个优势，就是政府支出掌握在政府手里；但也有个劣势，就是投资没有在政府手里，而是在居民户和厂商手里。经济学意义上的投资指的是私人投资，政府投资包含在政府支出里。私人投资会出现一些"理性合成谬误"，即作为个体来说是理性的，但作为集体来说常会犯一些错误。

"理性合成谬误"会给政府完成发展指标造成障碍。比如在经济衰退的时候，也就是"水池"里水少了，本来应该增加注入减少漏出，但因为私人投资对未来不乐观，反而会增加储蓄减少投资。大家都这样做的结果，注入减少了而漏出增加了，更加剧了经济衰退。又比如在通货膨胀的时候，也就是"水池"里的水快满了，本来应该减少注入增加漏出，但因为私人投资对经济前景看好，投资者会积极投资，消费者也会减少储蓄大把花钱，于是注入反而增加了，漏出反而减少了，这就使得"水库"面临崩溃的危险。在这种情况下，政府只好"逆风向而动"了，就是在经济衰退时，居民户和厂商增加储蓄减少投资，政府就要反其道而行之，减少税收增加政府支出；在通货膨胀时，居民户和厂商减少储蓄增加投资，政府也要反其道而行之，增加税收减少政府支出。政府不仅要直接控制进水口和出水口来调节流量，还要间接使用一些其他手段，才能使"水池"里的国民收入流量达到均衡。

"理性合成谬误"也会给政府完成绿色指标制造麻烦。居民户为了效用最大化会随意消费，饭拣好吃的吃，垃圾想扔就扔。这对于他个人是理性的，但大家都这样就会形成"羊群效应"和"破窗效应"，造成资源的浪费和环境的污染。厂商为了利润最大化会随意生产，煤拣好挖的挖，废料想倒就倒。这对厂商个体来说是理性的，但大家都这样也会形成"羊群效应"和"破窗效应"，造成资源的浪费和环境的污染。随意消费和随意生产都会造成"理性合成谬误"，使国民收入流量这池水变得浑浊不堪。"问渠那得清如许，为有源头活水来"。政府为了完成绿色指标，需要多管齐下，既要管住进水口的注入，又要管住出水口的漏出。但主要还是要从投资、政府支出和出口这三项注入入手，才能抓住龙头，牵住牛鼻子，圆满地完成绿色发展的各项指标，实现国民收入稳定而洁净的增长。

（二）投资、政府支出与出口乘数

我们之所以认为投资、政府支出和出口是影响绿色发展的主要因素，除了因为它们都是注入以外，还因为它们的增加会引起国民收入成倍的增加。这是因为国民经济各部门是紧密联系在一起的，绿色部门和其他部门联系得尤其紧密。绿色部门的一笔投资、政府支出或出口，必然会在国民经济的各个部门引起连锁反应，最终使国民收入成倍增加。我们假设这是一个两部门经济，绿色部门增加了100亿元的投资（或政府支出、出口），这100亿元注入会用于购买绿色发展的生产要素，成为二级部门的收入。假设二级部门的边际消费倾向为0.8，它又有100×0.8＝80亿元用于消费，成为三级部门的收入……就这样增加的100亿元投资会在全社会引起连锁反应：

1×100 亿元	100 亿元
0.8×100 亿元	80 亿元
0.8^2×100 亿元	64 亿元
+　……	……
=1／（1-0.8）×100 亿元	500 亿元

最后，国民收入就成了500亿元，这是原来绿色投资100亿元的5倍。国民收入变化与带来这种变化的投资（或政府支出、出口）的变化的比率，就是投资（或政府支出、出口）乘数。如果以 Δy 表示增加的收入，ΔL 表示增加的投资（或政府支出、出口），k 表示投资或政府支出、出口乘数，则：

$$k = \Delta y/\Delta L \qquad\qquad (4-7)$$

可见，投资（或政府支出、出口）乘数就是前文讲过的绿色乘数。它的具体数值可以通过对国民收入函数求偏导得到。

第二节　绿色发展中的投资

一、一般资本投资和自然资本投资

（一）一般资本投资的决定

投资者的目的是赚钱，所以一年下来他首先要搞清楚赚没赚钱。

赚没赚钱离不开成本，而经济学中的成本与会计学中的成本是有区别的。会计学中的成本指的是显成本，它是厂商在要素市场上购买或租用他人所拥有的生产要素的实际支出。经济学中的成本除了显成本以外还有隐成本，隐成本是厂商自己所拥有的且被用于自己企业生产过程的生产要素的总价格。

假设有个店主，每年花费4万元租赁商店设备，年终该店主从销售中所获毛利（商品销售收入减去商品原进价后的余额）为5万元。问：该店主赚了多少钱？从显成本的角度看，该店主赚了5万-4万=1万元，但从隐成本的角度看，该店主不仅没赚钱，还赔了钱。为什么呢？假定市场利率为5%，如果该店主不是把这4万元用于租赁商店设备，而是存入银行，一年可得利息4万×5%=2000元。这2000元就是他把这4万元资金用于投资的机会成本，是一种隐成本。另外，如果该店主从事其他职业能获得的年收入是10万元，则这10万元是他当店主而不去从事其他职业的机会成本，也是一种隐成本。所以，该店主一年的隐成本是10万+2000=10.2万元。而他一年的毛利才5万元，减去显成本4万元，还剩下1万元，远远不够弥补隐成本的，所以他赔了钱。

一般投资要向银行贷款，所以还要考虑银行利率。如果本金为100万元，年利率为5%，则第一年本利和为100×（1+5%）=105万元，第二年本利和为100×（1+5%）^{2}=110.25万元，第三年本利和为100×（1+5%）^{3}=115.76万元……根据银行利率和通胀率，企业就可以计算出该投资在使用期内有多少收益。如果收益的现值大于该投资的供给价格，就值得投资；否则就不值得投资。

假定一个预期长期实际利率是5%的厂商正在考虑一个投资项目清单，每个项目都须花费 100 万元，项目 1 将在两年内回收 120 万元，项目 2 将在三年内回收 125 万元，项目 3 将在四年内回收 130 万元。假设通胀率是 4%，问：哪个项目值得投资？

由于每年通胀率为 4%，实际利率为 5%，因此名义利率为 9%，这样三个项目回收值的现值分别为：

$$R_1 = \frac{120}{(1 + 0.09)^2} \approx 101.00, \ R_2 = \frac{125}{(1 + 0.09)^3} \approx 96.53, \ R_3 = \frac{130}{(1 + 0.09)^4} \approx 92.09。$$

可见这三个项目中只有第一个项目在使用期内收益的现值大于它的供给价格，值得投资，其他项目都不值得投资。

（二）自然资本投资的决定

任何资本的投资都有风险，而自然资本投资的风险更大。有一个故事讲，一个探险者在沙漠上行走，嘴唇干裂，只剩下一壶水。他在断墙后发现一口压力井，高兴极了，跑过去压水，却压不出来。他看到断墙上写着一句话："只有先倒进一壶水，才能压出水来！"他该怎么办？这个探险者最后剩下的那壶水是他的储蓄，他可以用于消费，但消费完了仍走不出沙漠怎么办？他也可以将它倒入压力井，这样有可能压出水来，走出沙漠就不成问题了；但也可能压不出水来，那将面临被渴死的危险。这就是自然资本的投资。投资是用现在的商品去换取未来的商品，而未来具有很大的不确定性，这就是风险。

自然资本的投资不仅是资本流动问题，也是企业组织问题，需要具备一定的条件。一个企业到自己所不熟悉的领域投资，必须具备一定的优势。

第一，对某种技术的垄断，这种技术可以是生产过程中实际运用的具体技术，也可以是以知识、信息、诀窍等形式存在的无形资产。

第二，具有规模经济，表明企业对资源的控制程度及抵御风险的能力。

第三，企业家才能的"过剩"，这种"过剩"能推动企业不断向外扩张。

第四，新的投资领域税收负担比较轻，基础设施比较全，企业竞争比较弱，政府效率比较高等，即投资环境比较好，有利于企业发展。

前三个优势是投资企业所拥有的，可称为所有权优势；后一个优势是投资领域应该具备的，可称为投资环境优势。所有权优势和投资环境优势是自然资本投资的必要条件。但仅有必要条件还不够，还不足以使企业进行自然资本的投资。只是拥有所有权优势和投资环境优势，企业完全可以进行别的投资，而不是非要把钱投向自然资本。企业要进行自然资本的投资，还要有个充分条件，那就是内部化优势。自然资本投资生产的很多都是公共物品，它具有非竞争性和非排他性，谁都可以用，不用白不用，那谁来付钱呢？如果政府付钱，那可以采用PPP模式；如果政府不付钱，提供了产品或服务总得有人付钱，没人付钱企业不会白干。就是慈善企业也得有人赞助，否则它也经营不下去。有的大公司为了尽到社会责任，也会搞一些自然资本投资，用别的企业赚的钱去养这个企业。有的企业充分发挥自己的所有权优势，充分利用自然资本的投资环境优势，既给社会提供了绿色产品或服务，自己又赚了钱，所创造的社会价值早已超过自己所获得的价值，那就最好了。总之，企业如果能够解决这个问题，就具有内部化优势。企业拥有所有权优势、投资环境优势和内部化优势，才会去做自然资本的投资。

二、市场提供自然资本投资的条件

有人认为，自然资本投资生产的都是公共物品，市场提供很难内部化，必须由政府提供。我们说，自然资本投资生产的并不都是公共物品，也有很多私人物品，私人提供没有一点问题；即使是公共物品，市场提供的可能性也是存在的。

如图 4-1 所示，假定社会中只有 A、B 两个消费者，横轴 OQ 代表物品数量，纵轴 OP 代表价格，S 代表公共物品的供给曲线，D_A、D_B 分别代表 A、B 对该公共物品的需求曲线。这表明，A 对 OQ_1 的公共物品，愿出的价格是 OP_2，对 OQ_2 的公共物品，愿出的价格是 0；B 对 OQ_1 的公共物品，愿出的价格是 OP_3，对 OQ_2 的公共物品，愿出的价格是 OP_1。由于社会总需求量是两人需求量之和，所以公共物品的数量为 OQ_1 时，社会愿意出的价格 $OP_4 = OP_1 + OP_3$，在图中表现为 E 点；公共物品的数量为 OQ_2 时，社会愿意出的价格 $OP_2 = 0 + OP_1$，在图中表现为 G 点。连接 G、E 两点并延长，就得到社会总需求曲线 D。当供给曲线与总需求曲线相交于 E 点时，社会边际收益等于消费者 A 和 B 愿意支付的价格之和。按帕累托最优原则，社会边际收益等于社会边际成本，公共物品的供给达到了最优水平。可见，公共物品由市场来提供也是有可能达到帕累托最优的，条件就是：

$$消费者边际收益之和 = 社会边际收益 = 社会边际成本 \quad (4-8)$$

这个条件看起来简单，实际上不简单，因为消费者并不能真实表达他的收益，很多人只想"搭便车"，只愿享受公共物品而不愿支付相应费用。所以，尽管理论上需求曲线和供给曲线会有一个交点，但因为需求曲线并不能完全代表真实的社会意愿，那么这个交点就无法像私人物品提供的那样满足帕累托效率的要求。这样，有限的资源不见得被利用到了最需要的地方。这说明，公共物品要由市场提供就必须设计出一种机制，让消费者能够准确地表达对公共物品的支付意愿，并为此支付相应的费用。

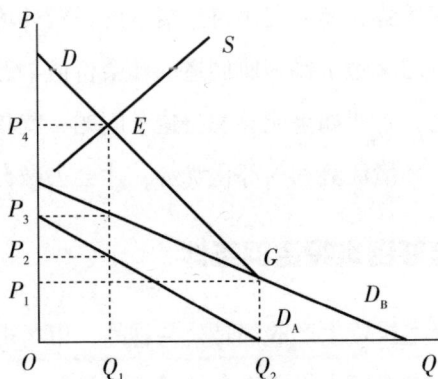

图4-1 公共物品市场提供

三、自然资本投资的意义与建议

（一）自然资本投资的福利效应

对一个企业来说，如果有条件进行自然资本投资还是很有意义的。撇开企业的社会责任不说，就说赚钱，这也是个机会。现在很多企业都放弃了"红海战略"而搞"蓝海战略"。所谓"红海战略"，就是在传统领域和别的企业展开竞争；所谓"蓝海战略"，就是到一个新的领域去，海阔凭鱼跃，天高任鸟飞。自然资本领域就是这样一个新领域。何况，地方政府为了优化环境和资源配置，态度都很积极，条件都很优惠，给自然资本投资企业留下了很大的赢利空间。

对于地方政府来说，鼓励企业进行自然资本的投资，不仅能使本地区的生态环境和资源配置得到改善，还能给本地区带来别的好处。假设经济体系是完全竞争的，实现了长期的充分就业；规模报酬不变，且无外部性经济；不涉及税收，在这些条件下我们来分析自然资本投资的福利效应。

如图 4-2 所示，横轴 OK 表示该地区资本存量，纵轴 OMPx 表示资本的收益率，曲线 II 是边际产品曲线，它表示资本存量与资本收益率的对应关系。由于边际收益递减规律的作用，所以 II 向右下方倾斜。在劳动供给一定且无自然资本投资的情况下，如果投资为 OM，那么资本的收益率为 OA，投资总收益为四边形 OMEA，工资额为 △AEI。现在有了 MN 的自然资本投资，于是收益率由 OA 降为 OB，自然资本投资的收益为四边形 MNFG，其他资本收益降为四边形 OMGB。尽管如此，由于自然资本投资带动了就业，工资额增加了四边形 BFEA。这中间虽然有四边形 BGEA 部分是其他投资者收益向工资再分配，但该地区作为整体还是增加了 △GFE 的净福利。

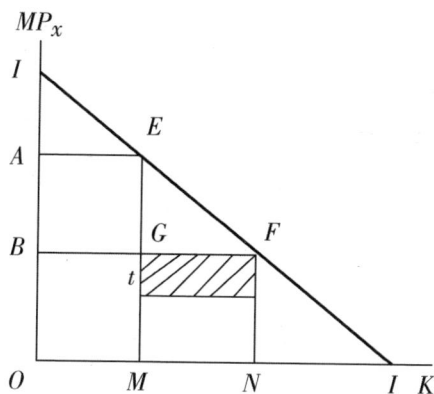

图 4-2 自然资本投资的福利效应

以上我们还没考虑税收这一块，也就是说即使给自然资本投资免税，对本地也是有好处的，这还不算自然资本投资带来正的外部性，如环境的改善、资源配置的优化等。如果只是减税，假设税率为 t，那么自然资本投资者所获收益从四边形 MNFG 降为 (1-t) MNFG，该地区就会因税收而获得阴影面积所表示的净收益。但如果自然资本投资者获益过少，他就不会来投资，已投资的也会撤资，本地区不仅什么都拿不到，还会面临环境不断恶化、资源不断浪费的困境。

以上模型是建立在严格假定基础上的，有其局限性。现在动态地考察自然资本投资对本地可能产生的利益。一般来说，资本是由资本充裕的地区向资本稀缺的地区流动的，所以吸引自然资本投资可以缓解本地资本缺乏的困难，这肯定是件好事。有的投资者借的是本地银行的钱，如果本地银行储蓄很多，这也是好事，总比到外地贷款，为他人做嫁衣强；如果本地银行储蓄很少，这也不是坏事，本地银行可以向外地银行拆借，用别人的钱来办自己的事。

现代经济增长理论特别强调技术在经济增长中的决定作用，如果投资企业具有所有权优势，那么吸引自然资本投资对本地技术进步的潜在作用就十分明显。吸引投资还可以同时引进企业家才能，给本地带来技术人才和管理人才。企业家才能是一种重要的生产要素，它的进入可以起到"鲇鱼效应"，打破本地经济低水平的均衡，对本地供应商和竞争对手提供良好的示范作用。自然资本投资可以带动商品流动，还可以发掘本地要素禀赋潜力，改善本地贸易结构，提高本地商品的技术含量和附加值，以及市场占有率。不过，这种效应的大小还取决于自然资本投资的目标取向。如果是短期目标，打一枪换一个地方，捞一笔就走，这种效应就很有限，甚至会打乱本地产业布局，扰乱本地商品市场，起到负效用。

（二）自然资本投资的建议

中国要想保持持续的经济增长，需要加快增长方式的转型。一方面要通过技术和制度创新去提高要素效率，另一方面要拓展人民新需求的国民财富外延，从主要关注物质资本的增长转移到更多关注人力资本、自然资本的社会资本的增加，借此开辟新的投资领域，形成四大资本相互促进相互支撑的国民财富新格局。

就现有体制看，投入生态环境的治理和绿色低碳转型，效益是公共的，而成本则是地方政府、企业和个人的，市场主体就不会有持久的积极性真正自觉主动地投入生态环境自治理，向自然资本投资。因此，要将自然资本的收益内部化，建立市场主体投资自然资本的持续激励机制。

第一，国家通过公共环境和气候政策，建立日益严格的生态环境质量改善和温室气体减排的宏观目标，分解到不同行业的主要企业中去，以排放额度的方式界定环境容量资源产权，并在要素市场上交易，形成自然资本的市场定价，由此创造排放额度产权价格不断上涨的预期。

第二，政府进一步发展公共政策，利用现代信息数据形成对自然资本的评估、测量核算、报告与核查体系，确保自然资本产权的落实并保障产权交易的实施。

第三，在此基础上给自然资本投资以优惠政策，通过 PPP 模式等多种方式吸引大量社会投资转向生态环境治理，保护和恢复绿水青山，并使其能够保值和增值。

第三节　绿色发展中的政府支出

一、绿色发展中政府支出的类别

绿色发展仅靠私人投资是不够的，还需要政府支出。政府支出也称财政支出或公共支出，是政府为履行其职能而支出的一切费用的总和。

政府支出可以分为"消耗性支出"和"转移性支出"。"消耗性支出"又可分为公共消费支出和公共投资支出，"转移性支出"又可分为社会保障支出和政府财政补贴。

公共消费支出是指政府为提供公共服务而进行的支出，其特点是在支出过程中不形成任何生产性资产。最典型的公共消费支出是行政管理费用，国防支出、公共教育支出、公共卫生支出也属于公共消费的范畴。

公共投资支出是指政府为提供公共产品而进行的支出，其特点是投入会形成产业和资产。公共投资的出发点是为了弥补市场失灵和私人投资的不足，从而促进社会资源的优化配置。通过公共投资，能够为社会经济发展提供必要的基础设施和良好的外部条件。

社会保障是指国家通过立法，积极动员社会各方面资源，保证无收入、低收入及遭受各种意外灾害的公民能够维持生存，保障劳动者在年老、失业、患病、工伤、生育时的基本生活不受影响。我国的社会保障体系包括社会保险、社会救济、社会福利、社会优抚、社会互助。

政府财政补贴是指政府为实现特定的政治、经济和社会目标，在一定时期内向生产者或消费者提供的种种补助和津贴。它分为价格补贴、企业亏损补贴、财政贴息、居民生活补贴，以及各种税收优惠。

政府支出的各项功能都对绿色发展做出了重要的贡献，但公共投资支出和政府财政补贴的贡献尤为突出。公共投资的主要方向是某些容易形成自然垄断的行业，以及私人部门无力或不愿意提供的项目，例如高科技、基础设施等大型基础性的项目。公共投资主要有三种方式：直接投资、股份式投资和委托式投资。直接投资即政府组建国有企业，由国有企业直接经营；股份式投资即政府参与股份式公司的组建，按股份投资；委托式投资即政府投资，委托私人部门经营。后两种方式就是我们在前面讲过的 PPP 模式。

南水北调工程是我国政府历史上最大的一笔公共投资支出，也是我国绿色发展史上最宏伟的一项民生工程。南水北调工程是从我国南方水资源相对丰富的地区，向我国北方地区，主要是北京、天津、河北、河南四个省份调水，以解决这些地区的水资源短缺问题。南水北调工程分东、中、西三条线路，东线工程起点位于江苏扬州江都水利枢纽，中线工程起点位于汉江中上游的丹江口水库。西线工程尚处于规划阶段，没有开工建设。南水北调工程由中央财政直接投资，组建中国南水北调集团经营。

政府财政补贴属于公共转移性支出，是政府资金单方面支付给受益者而不带有任何交换性质的财政支出。它增加了个人和厂商的可支配收入，进而增加了个人的消费需求和厂商的投资需求；它通过转移支付这个渠道，使国民收入的分配发生了有利于弱势群体的转变，对实现社会公平和平等有重要意义。政府财政补贴中最大的一个项目就是"退耕还林（草）"等生态补偿。

二、政府对自然资本投资的必要性

政府对自然资本产业予以投资是完全必要的，因为它属于幼稚产业。所谓幼稚产业，是指处于成长阶段尚未成熟，但具有潜在优势的产业。幼稚产业论认为，幼稚产业无法和已成熟产业竞争，如果不提供保护，幼稚产业就会夭折，无法实现其潜在的优势。关于什么是幼稚产业，有不同的判断标准。

第一，穆勒标准。根据穆勒标准，当某一产业规模较小，其生产成本高于市场价格的时候，如果任由其参与自由竞争，该产业必然会亏损。这个时候如果政府给予一定的保护，使该产业能够发展壮大。如果它实现了规模经济，成本降低了，能够面对自由竞争并取得利润了，政府就可以放弃对它的保护。

第二，巴斯塔布尔标准。根据巴斯塔布尔标准，判断一种产业是否属于幼稚产业，不仅要看将来是否具有竞争优势，还要将这种竞争优势的预期利润的贴现值和保护成本进行比较。如果预期利润的贴现值大于保护成本，该产业就值得作为幼稚产业加以保护；否则就不能作为幼稚产业加以保护。之所以要求的是贴现值，是因为考虑了通货膨胀的因素。

第三，坎普标准。坎普认为，如果一个产业预期利润的贴现值大于保护成本，也不见得就要政府来保护。因为对于厂商和投资者来说，其决定是否投产的标准并不是眼前利益而是未来的预期收益。如果预期利润的贴现值大于保护成本，他们自己就会保护，用不着政府出面。那到底什么产业值得政府保护呢？如果一个产业具有显著的正的积极的外部性，它的存在和发展能够带动别的产业的发展，给社会带来额外的好处，那么即使它的保护成本大于它预期利润的贴现值，也应该由政府出面来对它进行保护。在衡量幼稚产业的这三个标准中，穆勒标准强调的是将来成本的优势；巴斯塔布尔标准要求将来利润的贴现要大于保护成本；坎普标准跳出了幼稚产业的界限，跳出了内部规模经济的界限，要求被保护对象具有外部经济，并给政府权力画了一个边界：凡是市场能解决的政府就不要干预，市场解决不了的政府再出手。根据坎普标准，自然资本具有显著的正的外部性，它对自然资源的节约，对被污染环境的治理，都具有重要的意义。它还能带动别的产业的发展，给社会带来额外的好处。所以，即使自然资本的投资成本大于它预期利润的贴现值，政府也应该对它进行投资。

生态补偿的理论基础主要有自然资本论、外部性理论和公共物品理论等。自然资本论认为在传统的制造资本、金融资本、人力资本以外还存在自然资本，它是由自然资源、生命系统和生态构成的。世界银行将土地、水、森林、石油、煤炭、金属及其他矿产都界定为自然资本。既然是资本，就应该有利息，生态补偿就是自然资本利息的一部分。外部性理论指出，外部性包括正的外部性和负的外部性，污染是一种负的外部性，生态补偿则是对正的外部性的补偿。正的外部性是指某一经济主体的生产或消费活动对其他经济主体产生了正面效益，却未得到后者的补偿。既然在市场得不到补偿，就由政府来补偿。公共物品是与私人物品不同的物品，它具有非竞争性和非排他性，因此难免会出现"搭便车"现象。生态补偿就是为了平衡相关者的利益，由政府给"开车者"补偿。

三、政府支出对绿色产业的保护

政府通过政府支出对绿色产业实施保护是十分必要的，因为绿色产业具有正的积极的外部性。保护可以是全方位的，也可以是某一个方面的。这里有两方面，一个是需求侧的保护，另一个是供给侧的保护。

（一）对绿色产业需求侧的保护

政府对绿色产业需求侧的保护，主要体现在通过政府购买，提高绿色产品的价格，使绿色产业有盈利空间。如图 4-3 所示，绿色产品原来的价格为 OP_1，供给量为 OQ_1，需求量为 OQ_2。$OQ_2 > OQ$ 绿色产品供不应求。经过政府购买，绿色产品的价格上升为 OP_2，供给量增加为 OQ_3，需求量减少为 OQ_4。这样，不仅绿色产品供不应求的局面得到了缓解，还由于生产者剩余增加了 a，使得绿色产业的盈利空间也增加了。

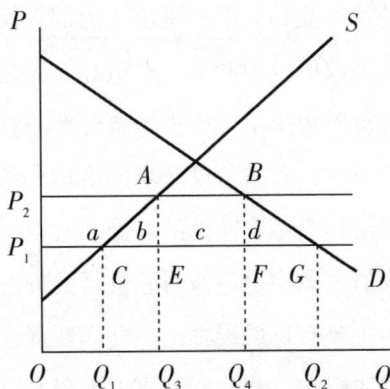

图 4-3　对绿色产业需求侧的保护

（二）对绿色产业供给侧的保护

政府对绿色产业供给侧的保护，主要体现在通过财政补贴，增加绿色企业的利润，使它正的积极的外部性得以发挥。

假设国内市场只有 A 和 B 两个企业，图 4-4 中横轴 OQ_A 表示 A 企业的产量，纵轴OQ_B表示B企业的产量，AA'和BB'分别表示A、B两企业的反应曲线。反应曲线AA'的意思是，A点表示当A企业认为对方产量为OA时，它就选择退出市场，即$OQ_A=0$。为什么要退出？因为A认为当市场需求为OA时，市场价格等于边际成本，它再生产就没有利润了。A'点表示当B企业不存在时，是A企业的最佳选择。这时市场由A垄断，OA'就是完全垄断的产量。B的反应曲线BB'也一样。两条反应曲线的斜率为负，这是因为如果对方的产量越高，自己面对的剩余需求就越小，所选择的最佳产量也就越小。AA'与BB'交于E，表示当A的产量为OQ_A^0、B的产量为OQ_B^0时，市场实现了均衡。

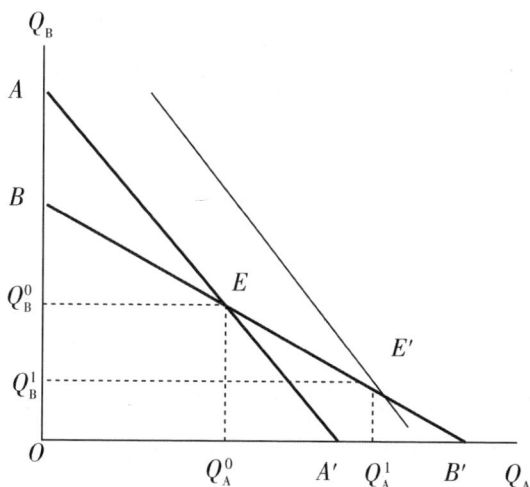

图 4-4　对绿色产业供给侧的保护

现在假设A是绿色企业，希望增加其利润所得，增加其正的积极的外部性。如果通过增加产量来达到目的，产量增加了市场价格必然下降，增加的收益就会被价格下降所抵消，利润还是没有增加。但如果A转而求助于政府，如果政府给它补贴，情况就会有所不同。A输出产品的边际成本将低于生产中的边际成本，这时A增加产量，虽然价格下降导致边际收益减少，但边际成本也下降了，所以A增加产品输出仍可获得更多的利润。B则会受到损失，不得不减少产量。A获得财政补贴后，反应曲线AA'向右移动，与BB'交于E'点，于是A的产量增加到OQ_A^1，B的产量则减少到OQ_B^1。A利润的增加是以B利润的减少为代价的，因此被称为"利润转移"或"租金抽取"。

财政补贴对地区的福利影响有两方面：一是增加了绿色企业的利润，二是减少了政府的收入。如果该绿色企业具有较大的正的积极的外部性，则政府的补贴利大于弊，还是值得的。

（三）提高绿色产业的有效保护率

财政补贴有两个办法：一是对绿色产业的最终产品进行补贴，二是对绿色产业的中间产品进行补贴。这两个办法的效果是不一样的，这里有个有效保护的问题。有效保护是指生产中新增加价值（附加值）受保护的情况。所以，政府有效保护的程度以绿色产业生产附加值的提高来衡量。有效保护率就是政府保护措施所引起的绿色产业生产附加值的变动率。如果用 ERP_j 表示 j 行业或产品的有效保护率，V_j 和 V_j^* 分别表示保护前后行业或产品的区内生产附加值，则：

$$ERP_j = \frac{V_j^* - V_j}{V_i} \times 100 \qquad (4-9)$$

我们说，对绿色产业的中间产品进行补贴能提高有效保护率。为什么呢？假设绿色产业的最终产品在国内市场上的价格为 1000 元，该产品在国内生产时每单位产出需要使用 500 元的中间产品，那在没有政府保护的情况下该产品的单位产出附加值为 1000−500＝500 元。如果政府对其中间产品提供补贴，使其成本下降 10%，那么该产品的单位产出附加值就为 1000−500×（1−10%）＝ 550 元，有效保护率为（550−500）/500×100%＝10%。如果对最终产品提供补贴，使其成本下降 10%，那么该产品的单位产出附加值就为 1000×（1−10%）−500＝400 元，有效保护率为（400−500）/500×100%＝−20%。也就是说，对中间产品提供补贴，使有效保护率得到提高；而对最终产品提供补贴，使有效保护率降低成负数。

对于绿色产业来说，为了提高对自身核心生产环节和技术的保护，可以把中间产品的生产和供应外包给平均成本更低的企业。这些企业可以是本地区的，也可以是外地区的，甚至是国外的。这样，自己就可以集中精力做好自己最擅长的部分，增加其附加值，提高其有效保护率。作为政府来说，建设和规范中间产品市场，降低中间产品的交易成本；改营业税为增值税，对中间产品不征税，也能提高对绿色产业的有效保护率。

第四节　绿色发展中的出口

由于受全球新冠肺炎疫情的影响，以及以美国为代表的贸易保护主义的限制，国际贸易环境变差，很多人认为我国出口贸易前景不甚乐观。其实这些困难都是暂时的，国际贸易形势会有好转，出口对我国绿色发展的贡献将会越来越大。绿色发展是改革开放的重要成果，也是改革开放的延续，不能没有出口。

一、我国的贸易发展战略

（一）发展中国家的贸易发展战略

中国是一个发展中国家，走的道路、采用的政策在很多方面都和其他发展中国家有很多共同的地方。战后，发展中国家的贸易发展战略可分为两种：进口替代战略（又称内向型经济）和出口导向战略（又称外向型经济）。

进口替代战略是指通过发展本国的工业，实现用本国生产的产品逐步代替进口，以满足国内需求，以期节约外汇，积累经济发展所需资金的战略。采取进口替代战略的依据来自发展中国家的两位经济学家普雷维什和辛格，他们认为传统的比较优势理论不适合发展中国家，因为处于中心地位的发达国家通过不等价交换剥削了处于边缘地位的发展中国家，使发展中国家难以发展。发展中国家应该摆脱这种不合理的国际分工体系，走独立自主的发展道路。另外，很多发展中国家既有比较先进的资本密集型工业部门，又有传统的落后农业（所谓的二元经济结构），需要在政府的保护之下，排除来自先进国家的竞争，独占本国市场。进口替代战略的实施给很多发展中国家包括中国带来了一系列问题和困难。首先，实施效果与当初的愿望相反，对国内产业的保护导致企业竞争意识不强，生产成本过高。其次，加重了外汇短缺，20世纪70年代很多国家都出现了严重的债务危机。最后，进口替代战略存在自给自足倾向，而这种把自己封闭起来的战略不利于借助外部的资源和技术发展自身的经济。因此，现在很多发展中国家包括中国都改变了进口替代战略，转向出口导向战略。

出口导向战略是指发展中国家通过推动本国产品出口，积累发展资金，促进经济发展的战略。出口导向战略建立在比较优势理论基础上。比较优势理论认为，无论一国处在何种发展水平上，总有某种比较优势，如廉价劳动力的优势，借助这种优势，发展中国家可以出口劳动密集型产品或原材料，以获取经济发展的资金。以劳动密集型产品出口为主要特征的出口导向战略对发展中国家的经济发展起了很大的作用。首先，从比较利益论看，可获得资源再配置的经济效果，能将本国资源优势充分发挥出来，得到最大限度的利用。其次，出口导向能产生一系列的产业间的关联效应，进而带动整个经济的发展。再次，出口导向也有利于一国经济逐步实现工业化。因为在经济发展初期，发展劳动密集型产业可节约资金，避免在工业化初期就投入大量资金发展重化工业可能带来的资源配置的扭曲。最后，发展劳动密集型产业也有利于创造更多的就业机会，从而提高国民的收入和消费水平，促进消费品和其他产品的生产。总的来讲，实施出口导向战略的国家和地区经济发展都比较快，比如"亚洲四小龙"的表现比较突出。改革开放以来，中国实施出口导向战略，经济发展突飞猛进，现在国民生产总值已经成为世界第二。当然，采取出口导向战略也并不是没有坏处。它过多地依赖国际市场，使得初级产品的贸易条件恶化。发达国家的贸易保护主义，可能会切断发展中国家借助国外市场带动本国经济发展的渠道。

（二）我国对外贸易的发展

所谓对外贸易依存度，就是进出口总额占 GDP 的比重，从中可以看出一个国家和全球经济联系的紧密程度。我国外贸依存度提高，其原因主要有两个。第一，中国的出口导向战略导致我国的外贸增长速度明显高于 GDP 的增长速度。近二三十年来，我国一直利用税收等手段鼓励进口先进设备和技术，同时为拉动经济又竭力用出口补贴和贴息等手段鼓励出口。正是在进口和出口的双重鼓励下，我国进出口快速上升，到 2014 年外贸规模已稳居世界前列。第二，经济全球化也为我国对外贸易的发展提供了良好的机遇。

应当承认，这些年我国对外贸易的发展为中国经济的快速发展做出了很大的贡献，尤其是在中国消费需求不足而劳动力资源丰富、生产的大量劳动密集型产品在国内无法消化的情况下，大量出口换来了大量外汇，进口又提高了我国设备的科学技术水平。因此，对外贸易一直是推动我国经济快速发展的一驾重要的马车。但是，我国外贸的发展也存在一些隐患。第一，我国出口的大多是资源和劳动密集型产品，资本和技术密集型产品较少，因此国际竞争力不强。随着我国人口红利逐渐消失，劳动成本不断提高，低成本出口的优势将逐渐丧失。第二，我国外贸的快速发展引发了不少贸易摩擦，一些发达国家以各种名义对我国实行新的贸易保护主义政策，包括汇率、知识产权、技术贸易壁垒，不承认我国的市场经济地位等，对中国出口加以限制。第三，大环境的影响，世界经济不景气，我国最大的几个贸易伙伴国尚未走出低谷，这都会影响我国的进出口贸易。第四，多年以来我国国际收支一直处于双顺差的态势，就是经常项目（商品进出口）和资本项目（资本流入流出）都处于收大于支的不平衡状态。持续的双顺差造成对人民币的巨量需求，使得人民币面临过大过快的升值压力。由于以上的一些问题，我国对外贸易依存度近些年有些降低，如果指望外贸还能像以前那样发挥作用，恐怕不现实。

（三）我国的对外贸易政策

第一，在尽可能巩固现有外贸市场份额的基础上，扩大国内市场对经济拉动的作用和影响。我国是一个人口众多的国家，国内市场很大，现在很多人都跑到国外买东西，可见国内市场仍存在供给不足的问题。应通过供给侧改革，生产更多受国内消费者欢迎的产品，通过扩大内需，减少国际经济波动对我国经济增长的负面影响。

第二，放弃以追求进出口数量为目标的思路，将"科技创新、以质取胜"定为整个外贸政策的核心，建立科学的贸易政策实施效果的评价体系，推动我国从贸易大国走向贸易强国，从而提高我国外贸的核心竞争力。

第三，加快加工贸易的转型升级。我国外贸主要依靠加工贸易，而加工贸易问题很多，如企业核心技术自主研发能力不强，产品档次低，缺少高附加值，资源和能源浪费严重等。为此，要大力进行加工贸易的转型升级，加强核心技术的研发，从劳动密集型和资源密集型向资本、技术密集型出口过渡，将粗放型贸易转向效益型贸易。

二、国际贸易保护主义

虽然现在国际贸易保护主义盛行，但它是兔子的尾巴——长不了。主要原因就是国际贸易保护主义对世界经济的发展起了阻碍作用，对实施贸易保护的国家本身也没有什么好处。

为了说明这个问题，我们将一个国家所有产品分为两个部门——出口部门 X 和进口替代部门 Y，这样便可用两部门模型来分析国际贸易保护主义针对整个进口替代部门的影响。

如图 4-5 所示，TT 是生产可能性曲线，在自由贸易下，面对国际相对价格 P_w，生产均衡点在 Q 点，消费均衡点在 C 点。实施贸易保护以后，Y 产品在国内市场上的价格上升，国内生产者面对新的相对价格 P_t，P_t 比 P_w 更为平坦，于是生产均衡点由 Q 上移到 Q_1。与贸易保护前相比，进口替代部门 Y 的生产增加，但出口部门 X 的生产减少了。可见，任何进口壁垒都不利于出口部门的生产，即具有反出口倾向。

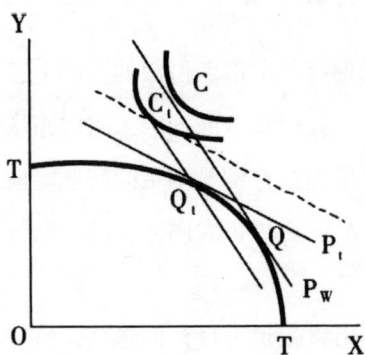

图 4-5　贸易保护效应

假设贸易仍按原来的价格进行，新的消费均衡点应在通过 Q_1 点与 P_w 平行的线上。国内消费者面对的相对价格为 P_t，根据效用最大化条件，通过新的消费均衡点的社会无差异曲线在该点的切线斜率绝对值应等于 P_t。也就是说，通过新的消费均衡点 C_t 的社会无差异曲线的切线与 P_t 是平行的。在 C_t 点同时满足两个条件：国际贸易仍按原价格进行，而国内消费者则按贸易保护后的国内价格来决定其最佳选择。可见，贸易保护后消费水平由原来的 C 点降到 C_t 点，通过 C_t 点的社会无差异曲线位于通过 C 点的社会无差异曲线之下，表明实施贸易保护的国家社会福利水平下降了。

既然如此，为什么很多国家还要搞贸易保护主义呢？这是因为它们都陷入了"囚徒困境"之中，难以自拔。我们用博弈论来说明这个问题，如表4-1所示。

表4-1 贸易保护的支付矩阵

		B 国	
		保护	不保护
A 国	保护	-1，-1	2，-2
	不保护	-2，2	1，1

假设有两个国家 A 和 B，它们对本国企业都有两种选择：保护、不保护。如果 A 保护 B 也保护，A 和 B 的利益都是-1；如果 A 保护 B 不保护，A 的利益是2，B 的利益是-2；如果 A 不保护 B 保护，A 的利益是-2，B 的利益是2；如果 A 和 B 都不保护，A 和 B 的利益都是1。现在我们看纳什均衡是什么。从 A 国的角度看，针对 B 国保护的策略，A 保护的利益是-1，不保护的利益是-2，-1>-2，在-1下画一道；针对 B 国不保护的策略，A 保护的利益是2，不保护的利益是1，2>1，在2下画一道。再从 B 国的角度看，针对 A 国保护的策略，B 保护的利益是-1，不保护的利益是-2，-1>-2，在-1下画一道；针对 A 国不保护的策略，B 保护的利益是2，不保护的利益是1，2>1，在2下画一道。因为在 A 国和 B 国都保护的框里有两道，所以这就是纳什均衡。可见，各国之所以都搞贸易保护，就是因为它们都陷入"囚徒困境"之中难以自拔。不过，只要给它们时间，让这个博弈重复几次，它们就会明白，贸易保护主义对谁都没有好处。两国都不保护的利益为（1，1），比都保护的利益（-1，-1）要大，也就是说，只有合作才能实现共赢。当贸易保护主义搞得两败俱伤的时候，各国就会下定决心，打破僵局，走到一起，签订合作协议。那时候，我国出口必定会迎来一个崭新的局面。

三、绿色贸易壁垒的是与非

我国的绿色发展必然会遇到绿色贸易壁垒。绿色贸易壁垒通常是进出口国为保护本国生态环境和公众健康而设置的各种保护措施、法规和标准等，是对进出口贸易产生重要影响的一种技术性贸易壁垒。它是国际贸易中的一种为了保护有限资源、环境和人类健康，通过制定一系列严格的环保标准，限制或禁止外国商品进口的一系列措施。实质上，绿色贸易壁垒是以保护世界资源、环境和人类健康之名，行贸易限制和制裁措施之实。有人认为，绿色贸易壁垒是国际贸易保护主义的表现，是一些国家为了达到贸易保护的目的而设置的，因此应该完全反对。我们认为，不论设置绿色贸易壁垒的动机如何，它的实施从客观上来说确实对绿色发展有好处，应该泰然面对。

第一，绿色贸易壁垒表面的合理性。现代社会人们对生存环境和生活质量的要求越来越高，会很自然地关注环境问题、食品安全问题，对可能对环境和健康带来危害的商品和服务表现出高度的敏感性，迫切需要政府对环境、食品及进口商品进行严格的监管。尤其是在这次全球性新冠肺炎疫情中发现，病毒不仅可以通过飞沫传播，还可以通过进口冻鱼冻肉或其他产品传播，这就更让人们认识到进口监管的重要性。设想一下，如果病毒来袭，仅仅限制人员流动而不对进口商品进行严格监管，怎么能够避免疫情的大面积扩散呢？绿色贸易壁垒能够满足人们的这种需要，所以具有表面的合理性。有人仅看到绿色贸易壁垒对自己出口的限制，而没有看到它同时也限制了有害商品的进口。若西方发达国家不制定内外有别的双重标准，通过绿色贸易壁垒，自己的商品别人用着放心，别人的商品自己用着也放心，有什么不好呢？而且，绿色贸易壁垒不像配额和许可证管理措施那样，想给你就给你，不想给你就不给你，没有什么道理好讲；而绿色贸易壁垒措施是相对公开透明的，只要符合条件就放行，对谁都一样，相对来讲也是比较公平的。有人讲，发展中国家技术和发展水平低，很难达到条件，因此对发展中国家不公平。我们认为，在暂时无法改变"游戏规则"的情况下，我们要积极利用好绿色贸易壁垒这把双刃剑，合理利用其带来的积极影响，制定完善应对策略，化解其产生的消极影响。

第二，绿色贸易壁垒的合法性。绿色贸易壁垒虽然属于非关税壁垒的范畴，但其不同之处在于绝大多数的非关税壁垒不是通过公开立法来加以规定和实施的，而绿色贸易壁垒措施则是以一系列国际国内公开立法作为依据的。20世纪70年代以来，国际社会通过有关国际组织及国际会议先后制定了许多多边国际环保协议和规则。这些国际环保协议和规则在形成国际环保习惯法及在对国际贸易造成冲击和影响方面，起着不可忽视的重要作用。目前，世界上最重要、最有权威的国际多边贸易条约是 GATT 和 WTO 两个文件，GATT 第 20 条授予了各国"环保例外权"，WTO 在《技术性贸易壁垒协议》的前言中也规定"不能阻止任何成员方按其认为合适的水平采取诸如保护人类和动植物的生命与健康及保护环境所必需的措施"。由此可见，不论哪个国家采取严格的绿色贸易壁垒措施，从法律的角度看都是无可非议的。

第三，绿色贸易壁垒保护内容的广泛性。绿色贸易壁垒保护的内容十分广泛，不仅涉及与资源环境保护和人类健康有关的商品的质量，还涉及这些商品的生产和销售方面，而且对那些需要达到一定的安全、卫生、防污等标准的工业制成品也产生巨大压力。因此，绿色贸易壁垒对很多国家的绿色发展产生了深远的影响，起到了示范性的标杆作用。它可以倒逼我们的企业，为了能够出口，不仅要注意商品质量，还要注意生产商品的过程，注意生产环境、供货单位及每一个生产的环节。如果不注意过程，可能结果就会出问题。绿色贸易壁垒还可以激励我们的企业高标准严要求，放弃粗放式的生产方式，大力进行加工贸易的转型升级，加强核心技术的研发，从劳动密集型和资源密集型向资本、技术密集型出口过渡。这样，绿色发展就不仅是某一个企业的事，也是所有企业的事、整个社会的事。大家共同努力，才能实现绿色发展的目标。

第五章　资源经济的绿色发展转型

第一节　实现资源型经济转型的必然性

一、绿色发展是可持续发展的必然选择

绿色转型既是企业实现可持续发展的内在需要，也是解决当前生态环境恶化问题的必然选择。在发展方式的选择上，企业倡导通过技术创新提升其对资源的利用水平和环境的保护能力来保障其经济效益。从企业发展本身来看，通过绿色转型能够促进自身的长久发展；对区域而言，通过绿色转型可优化区域产业结构；从国家层面讲，通过绿色转型，可促进经济、社会的健康发展。

（一）绿色发展是经济可持续发展的必经之路

自改革开放以来，我国的经济以较快的速度发展，经济规模不断扩大，这是以大量的资源消耗为代价的，也带来了一定的环境问题。从发展的趋势来看，资源短缺将成为阻碍我国经济持续发展的严重问题。目前，我们的处境总的来说包括两方面。一方面，我们需要快速发展经济。当今世界各国之间的竞争，实质上是经济实力的竞争，我国作为人口大国，只有成为经济强国，才能在国际社会中争得自己应有的地位。作为发展中国家，我们必须加快经济发展的步伐。另一方面，我们又不能通过牺牲以资源与环境的方式来换取经济的高速增长。实际上，以牺牲资源与环境换取的经济增长，并不是真正的发展，不是可持续的增长。这样的国情和处境决定了国家实施可持续发展战略是非常必要和紧迫的。

另外，我国的国情决定了我们必须走自己的可持续发展道路。由于各国的国情不同，所处的发展阶段不同，各国应当选择相应的可持续发展道路。我国的国情决定了我们既不能照搬国外的模式，也不能走西方走过的道路。西方发达国家

大多走过了"先破坏后治理"的道路。部分西方发达国家可以依靠先发优势，把世界的自然资源都纳入自己的经济周转范围中，甚至不惜使用战争手段来对发展中国家的自然资源进行掠夺，这是我们不可能做的。同那些自然资源比较丰富的发展中国家相比，我们更需要认真选择自己的可持续发展模式。由于各国资源的丰富度不同，解决环境问题的途径也会有所不同。如果说在那些资源丰富的国家，解决环境问题的途径可以侧重于保护自然生态系统，那么，在资源匮乏的国家，解决环境问题就不能走"单纯保护"的路。我国必须走保护与建设并重的路，在发展中进行保护，又在保护中发展，以此来实现发展和保护的辩证统一。因此，我们的可持续发展之路包括两方面：一方面，在经济建设中节约使用自然资源和保护环境；另一方面，通过人工的努力对已经退化的自然生态系统进行改善和重建。

发展绿色经济，是我国实现可持续发展战略的现实选择，是中国特色的可持续发展道路，"绿色经济"是我国首先提出的，是根据我国国情的现实选择。如在国际上通行的是"有机食品"的标准，"绿色产品"是我国的叫法，是我国的标准。当然，只有达到了"有机食品"标准的食品，才能在国际市场上占据优势，但面对现实，只有先达到绿色食品的标准，才能进一步问津更高标准的有机食品。可见，具有广泛可操作性的绿色经济是通向可持续发展的必经之路，通过每一个企业和每一个单位发展绿色经济的具体活动，使经济与资源、环境统一于绿色经济的实现形式中。

（二）绿色发展是企业可持续发展的必经之路

1. 企业可持续发展的内在要求

长期以来，资源采掘业和初级加工是部分企业的主要经营方向，发展方式单一粗放。自然资源储量是有限的，其不可再生性也决定了企业无法长期依靠对资源的采掘及其加工生存下去。为了企业的长久发展，企业管理者需要为企业的发展找到新的出路，通过绿色转型提升企业的可持续发展能力。

生产技术的落后导致在资源开发和利用过程中造成大量的浪费，并对生态环境造成了严重的破坏。随着资源储量的逐渐减少，当自然资源出现枯竭时，企业的发展将面临严重的危机，社会的发展和进步同样会面临严重的危机，因此，无论是企业管理者还是社会管理者，都要及时转变发展观念，坚决贯彻可持续发展理念。

在资源禀赋的加持下，资源型企业参与市场竞争的能力被削弱，再加上缺乏专业人才，科技创新能力较差，企业发展面临重重困难。另外，在发展过程中，由于内部制度的老化，企业管理会面临多种问题，因此，加快技术创新，构建现代企业经营管理体系，不断提升企业的技术水平和管理水平，实现绿色转型成为企业可持续发展的必然选择。

企业只有通过转变自身的发展方式，并通过制度更新、技术更新及人才更新等多方面的转变，才能够冲破发展的瓶颈，找到新的增长点和动力源泉，为企业重新注入新的活力，从而实现企业的再次腾飞。

2. 解决绿色环境困境的迫切需要

环境问题加剧，自然资源过度消耗，严重影响着企业的生存和发展，对社会生产和生活造成了严重影响，因此，转变企业发展方式，促进企业绿色转型已经迫在眉睫。坚持可持续发展，解决企业日益严重的资源环境困境，是世界各国迫切需要解决的问题。

要从根源出发优化能源供给，实现对一次能源的减量化和增质化使用，实现对不可再生资源的合理使用。大力发展清洁能源，加大对二次能源的开发力度，促进清洁能源形成的规模化，逐步降低对不可再生能源的使用和供给比重，促进能源结构的优化转型。在促进能源的清洁高效利用、绿色能源开发方面进行技术创新，探索出一条能源企业绿色转型的新路，化解企业面临的资源环境问题。

3. 社会主义生态文明建设的必然要求

把生态文明建设融入经济、政治、文化和社会发展中，坚持走绿色、高效、可持续的发展道路，从而实现人类社会的永续发展。改变传统发展方式，是实现经济社会可持续发展的关键举措。绿色发展倡导低碳、环保、节约的发展模式，是处理经济发展与生态环境保护这对矛盾的重要突破口。只有转变发展思路和发展方向，走绿色发展之路，才能够实现企业的经济发展转型，实现社会主义生态文明建设的目标。

4. 优化区域产业结构

我国的工业企业在国民经济中占有举足轻重的位置，是国民经济的主要推动力。我国是发展中国家，由于工业产业结构调整还未完成，经济发展对自然资源的依赖相对较高，因此必须加快对产业结构的调整，优化我国工业产业结构。

近年来，随着国内外环境的变化，传统产业模式为我国经济发展提供了长久的发展动力，依靠资源拉动经济发展已经不再适应当前的发展形势，产业结构调整势在必行。企业的绿色转型，有利于改变我国经济结构中过度依赖自然资源的结构性问题。从企业的发展来看，通过积极引进绿色的生产技术和专业人才，推动企业绿色转型，对优化企业内部管理结构和生产结构具有重要的作用。

先进的管理模式可以提升企业的整体运营水平和市场竞争力，促进企业的健康发展。放眼到地区来看，通过绿色转型，积极发展高新技术产业和服务业，有利于优化区域产业结构，促进区域经济持续、协调发展。

5. 有助于实现美丽中国的奋斗目标

绿色是生命的底色，绿色发展是社会主义生态文明建设的重要内容之一。企业进行绿色转型是解决我国当前严峻生态问题的重要举措，通过转型，企业以往粗放式的发展方式和生产方式将得以改变。

绿色技术的更新及企业管理模式的创新，使资源利用率和利用水平得到有效提高，企业从高能耗、高污染、高排放向低能耗、低污染、低排放的转变过程，也是实现人与自然和谐相处的过程。

二、绿色发展是提升绿色金融供给能力的先行抓手

（一）绿色金融政策得到加快推进

1. 绿色信贷和绿色债券是主要方向

中国人民银行、财政部等七部委联合印发的《关于构建绿色金融体系的指导意见》将绿色金融定义为：为支持环境改善、应对气候变化和资源高效利用开展的金融活动，如为节能环保、清洁能源、绿色基建等领域的项目投融资、项目运营、风险管理等活动提供的金融服务。

（1）政策脉络

回顾我国绿色金融的发展历史，主要有以下几个关键节点。2005 年，国务

院发布了《关于落实科学发展观加强环境保护的决定》，这是我国首个绿色信贷政策，开启了我国绿色金融的新纪元。2012 年，中国银监会制定《绿色信贷指引》，从组织管理、政策制度及能力建设、流程管理等方面对银行业金融机构的绿色信贷做出更加明确的引导。同年，银监会制定了绿色信贷统计制度。2015 年，国家发展和改革委员会办公厅、银监会和中国人民银行分别或者联合发布了《绿色债券发行指引》《能效信贷指引》及《绿色债券支持项目目录（2015 年版）》。2021 年 1 月，中国人民银行在 2021 年工作会议中要求落实碳达峰碳中和的重大决策部署。《中华人民共和国国民经济和社会发展第十四个五年规划和 2035 年远景目标纲要》也提出要实施有利于节能环保和资源综合利用的税收政策，大力发展绿色金融。

（2）政策构建

《关于构建绿色金融体系的指导意见》从绿色信贷、证券市场绿色投资（如绿色债券和绿色股票指数等）、绿色发展基金、绿色保险等方面阐述了未来绿色金融发展的政策方向。

第一，绿色信贷以《绿色信贷指引》为顶层设计，初步形成包括分类统计制度、考核评价制度和奖励激励机制在内的政策体系。2012 年的《绿色信贷指引》是绿色信贷体系的顶层设计文件，对组织管理、内控管理与信息披露和监督检查等方面做出了安排。在分类统计制度方面，2013 年，中国银监会发布的《关于报送绿色信贷统计表的通知》将绿色信贷项目分为绿色农业、绿色林业、工业节能节水等十二类。考核评价制度包括《绿色信贷实施情况关键评价指标》《银行业存款类金融机构绿色信贷业绩评价方案（试行）》《银行业存款类金融机构绿色信贷业绩评价方案（试行）》等核心文件，绿色信贷业绩评价每季度开展一次，定量指标占比 80%，定性指标 20%，定量指标包括绿色贷款余额占比、绿色贷款余额份额占比、绿色贷款增量占比、绿色贷款余额同比增速、绿色贷款不良率五项。针对信贷主体商业银行，2017 年，中国银行业协会出台的《中国银行业绿色银行评价实施方案（试行）》（简称《实施方案》），明确将从组织管理、政策制度能力建设、流程管理等多个方面展开绿色银行评价。《实施方案》的出台，预示着我国绿色银行评价的开启。而根据实施方案，评级结果将会纳入银保监会对银行的监管体系中。在奖励激励机制方面，中国人民银行将绿色贷款作为信贷政策支持再贷款、常备借贷便利（SLF）、中期借贷便利（MLF）等工具的合格信贷资产担保品。

第二，绿色债券政策既包含规范各类债券认定标准和发行流程的要求，也包括绿色债券续存期管理、信息披露等监管规范和激励措施。2015年，中国人民银行发布的《关于在银行间债券市场发行绿色金融债券有关事宜的公告》明确了绿色金融债券的内涵、发行主体和发行条件。同年，国家发展和改革委员会发布的《绿色债券发行指引》明确了绿色企业债券的范围、审核要求等。2017年的《非金融企业绿色债券融资工具业务指引》提出强化信息披露要求，建立信息披露制度。同年出台的《绿色债券评估认证行为指引（暂行）》成立绿色债券标准委员会，对绿色债券续存期进行评估认证。从整体来看，我国根据不同的债券类别已经逐步形成差异化的发行和监管体系，在绿色债券分类标准方面，除企业债适用《绿色产业指导目录（2019年版）》外，其余均适用《绿色债券支持项目目录（2015年版）》；在募集资金投向方面，金融债和绿色债务融资工具要求100%投向绿色产业，公司债要求70%，企业债为50%；在信息披露方面，金融债要求以季度为频率披露专项账户情况，公司债要求每年披露，企业债则无后续披露要求。

第三，我国对绿色证券指数的政策引导力度不断加大。2016年，《关于构建绿色金融体系的指导意见》提出要研究设立绿色股票指数和发展相关投资产品；《关于开展绿色公司债券试点的通知》对绿色公司债券进行统一标识，并适时与证券指数编制机构合作发布绿色公司债券指数；《中国证监会关于支持绿色债券发展的指导意见》提出要鼓励市场投资机构以绿色指数为基础开发公募、私募基金等绿色金融产品。

第四，我国绿色保险发展遵循政府主导的构建模式，目前已经发布多项绿色保险政策和指引文件。2007年，国家环境保护总局和中国保险监督管理委员会（简称保监会）联合发布《关于环境污染责任保险工作的指导意见》，意味着绿色保险制度开始建立；2017年5月，保监会《化学原料及化学制品制造业责任保险风险评估指引》，是首个环保责任保险金融行业标准；2018年，生态环境部审议并原则通过《环境污染强制责任保险管理办法（草案）》，明确了环境污染责任保险的"强制性"。

第五，我国环境权益交易市场的发展处于初期阶段，碳排放权交易市场逐步建立。环境权益交易市场可以用经济手段达到环境治理目的，实现资源的优化配置。我国环境权益交易市场包括碳排放权、排污权、用能权和水权交易市场，其中，碳排放权市场发展最快，其余仍在试点探索阶段。2016年，国家发展和改革委员会发布《关于切实做好全国碳排放权交易市场启动重点工作的通知》提出，2017年将建立统一的全国碳排放权交易市场；2017年12月，第一批7个试点省市运行3~4个履约周期，在此基础上宣布碳排放交易市场正式启动；2017年12月，国家发展和改革委员会印发了《全国碳排放交易市场建设方案（发电行业）》，明确了我国碳市场建设的指导思想和主要原则。2019年4月，生态环境部发布《碳排放权交易管理暂行条例（征求意见稿）》，是我国碳排放市场制度建设的重要进展；同年9月，生态环境部发布《2019年发电行业重点排放单位（含自备电厂、热电联产）二氧化碳排放配额分配实施方案（试算版）》，规定了相关行业的具体配额分配方法。2021年，生态环境部公布《碳排放权交易管理暂行条例（草案修改稿）》，并公开征求意见。这是中国官方第三次对国务院层级的碳交易立法公开征求意见，体现了中国建设统一全国碳市场的决心。

2. 绿色信贷规模全球第一，交通和清洁能源投向占比高

（1）贷款产品逐渐丰富绿色信贷业务

当前，银行的绿色信贷产品逐渐丰富，质押担保方式不断创新。近年来，银行结合所在地发展特色和产业支持政策，陆续推出创新绿色信贷产品，如中国邮政储蓄银行的"光伏贷"、中国建设银行的"绿色智造贷"、中国农业银行的"油茶贷"等。

①银行类信贷业务模式不断涌现。一是发展绿色供应链金融，供绿色保理融资。绿色供应链金融是指将绿色理念融入供应链金融全流程，资金专项用于节能环保和可持续发展领域，通过绿色金融和供应链金融的有机融合实现供应链金融的环境保护功能。近几年来，包括兴业、浦发等绿色金融发展领先的机构，在绿色供应链金融领域不断创新，绿色设备、绿色产品买方信贷、保理等绿色供应链金融产品不断涌现。以浦发银行为例，目前，该公司已形成包括能效融资（工业和建筑能效）、清洁能源融资、环保金融、碳金融和绿色装备供应链融资在内的五大绿色信贷产品和服务体系。二是发展绿色融资租赁。与传统信贷产品不同的

是，融资租赁具有"融资+融物"的双重属性，融资租赁既可以在绿色项目上直接提供资金支持，又可以在相关设备、基础设施上提供必要保障。近几年来，银行同样在绿色融资租赁业务上进行尝试，对光伏、新能源车等领域在项目建设初期给予资金支持，并匹配项目收入现金流特点，设计有针对性的租金回收方案。如中信银行通过旗下中信租赁，聚焦"新能源、新环境、新材料"三"新"领域与产业链内组件厂商、工程总承包施工方、电站的投资运营方等业内龙头企业全部建立合作关系，并加入光伏绿色生态合作组织（PGO），服务协鑫控股有限公司、正泰集团股份有限公司、晶科股份等一大批优质清洁能源企业，项目覆盖内蒙古、河南、新疆等全国 19 个省区市。

②投行与直投业务。除上述业务外，银行还在推动绿色投行和绿色产业基金的发展。一方面，在投行业务板块，国内银行机构正在积极推动绿色投行业务的创新，将传统投行的财务咨询服务、标准化债务融资服务、资产证券化服务等方面和绿色理念、绿色标准相结合，形成了围绕绿色经济的"融资+融智"综合服务，为企业的绿色化发展提供咨询服务。在标准化债务融资工具承销业务方面，银行通过银行间市场形成了丰富的绿色债券产品体系。在绿色资产证券化业务方面，底层资产的范围不断扩展，如绿色能源的收费权、绿色供应链产生的应收账款、租赁物业收费权、政府和社会资本合作项目（PPP）收益权等，银行参与承销的资产支持证券、绿色资产证券化规模快速增长。同时，银行积极探索绿色环境咨询服务和绿色财务顾问服务，如开展绿色项目融资结构设计，通过利用"商行+投行"的模式来满足其资金需求。另一方面，银行是积极探索设立绿色产业基金的主要机构，近几年来，银行积极通过自有资金或旗下基金子公司，参与投资或设立绿色产业投资基金和 PPP 环保产业基金，按照市场化原则，为环境权益等领域的资产项目提供股权或债权融资。

③兴业银行是国内首家履行"赤道原则"的商业银行，在绿色金融的实践上，走在了国内银行的前列。兴业银行率先成为我国首个推行"赤道原则"的银行，随后推出国内首笔碳排放权质押贷款、国内首单绿色金融信贷资产支持证券、境内首单绿色金融债等多个创新产品，形成了涵盖绿色融资、绿色租赁、绿色信托、绿色基金、绿色理财、绿色消费等多门类的金融产品体系，拥有较为丰富的绿色金融实践经验。兴业银行绿色金融的领先，主要体现在三个维度：一是

内部绿色金融基础设施建设相对完善，二是绿色金融领域的资源支持力度领先，三是提供的绿色金融产品丰富多元。

（2）规模位列全球第二

目前，绿色债券分类标准与国际主流机构的标准存在一定差异，未来在分类标准方面有望进一步统一。由于我国所处的经济发展阶段及绿色产业发展与部分发达国家存在差距，因此在绿色分类方面包含了某些不符合国际标准的项目。

募集资金主要投向清洁交通、清洁能源、污染防治等领域。

从资产质量来看，绿色债券发行，目前尚无违约案例。第一，我国绿色债券发行期限长，约90%发行期限在3年以上。第二，我国绿色债券支持环境改善效果显著，据初步测算，每年绿色债券募集资金投向的项目可节约标准煤5000万吨左右，相当于减排二氧化碳1亿吨以上。从参与者的角度来看，我国绿色债券市场参与机构日渐多元化。

（3）有较大发展空间

①绿色证券数量。债券新发行数量稳步增长，环境主题占比较高；债券指数有较大增长空间。

②绿色保险。环境污染责任保险是目前绿色保险的代表性险种，创新型绿色险种有待开发。风电、光伏等清洁能源具有风险管理的特殊性，若是天气处于长时间的不理想状态，会对风电、光伏企业的业绩产生负面影响。针对上述新的风险管理需求，未来针对特定行业的创新型险种有待进一步探索，目前全国的绿色保险种类也在不断延伸，农业、畜牧业、绿色建筑、绿色消费等领域均有涉及。

③环境权益交易市场缺乏法律基础，交易活跃度有待提升。以我国发展最快的碳排放权交易市场为例，首先，我国《碳排放权交易管理条例（草案修改稿）》还未完成行政法规的立法程序，可能导致相关部门的执行力度不足，企业参与的积极性有限；其次，从各个试点的交易情况来看，交易集中发生在各自的履约月份，在其余时段内交易活跃度低，市场流动性不足；最后，排污权、用能权和水权交易市场的整体建设进展缓慢。

（二）关注清洁能源、交通和建筑行业

借鉴国外经验，可以对我国绿色金融未来发展有以下三方面的展望。

第一，绿色金融作为实现碳中和的先行抓手将迎来快速发展。当前政策对于碳中和的引导和布局力度不断加大，金融作为绿色产业发展的重要推动者，有望走在绿色产业发展的前沿，未来，我国绿色金融将迎来快速发展。

第二，绿色金融政策体系建设有望从多方面入手。一是我国绿色金融分类标准有待进一步推进。当前，我国绿色分类标准界定的清晰度和可操作性有待提升，以《绿色产业指导目录（2019年版）》为例，指导目录仅列出了绿色活动的归类，缺乏如何界定的方法论和量化指标，可操作性不足。二是加强相关主体的环境信息披露。我国目前尚未建立完善的环境信息披露制度，相关利益方披露信息数量不足、质量有限。一方面，当前我国绿色金融产品以绿色信贷和绿色债券为主，绿色证券指数建立也日渐完善，绿色基金的政策构建、绿色保险创新产品可以期待；另一方面，相较于欧美发达国家，我国环境权益交易市场建设尚处于初级阶段，法律法规建设有待完善，市场交易活跃度有待提升。三是鼓励金融机构开展环境气候风险分析，强化低碳投融资的金融激励机制及加大推进 ESG 投资力度。当前，中国人民银行绿色金融网络已经为环境和气候风险分析提供了一系列方法和工具，未来有望在国内进行推广。

第三，从国内外的绿色金融募集资金投向来看，清洁能源、交通和建筑等行业获得资金支持的占比最高，上述行业有望最先受益于绿色金融的发展。清洁能源方面重点关注水电、风电、太阳能、核电、氢能、生物质能、地热、海洋能等清洁能源。交通领域重点关注两方面：一是支持使用新能源、清洁燃料的交通工具，如新能源车；二是推动交通运输提升效率的信息化、智能化建设，如高速公路 ETC 系统、互联网+物流配送、互联网+公共交通等。建筑行业关注四方面：一是建筑材料方面的新型建材，如开发新型墙体材料、保温隔热材料、防水密封材料、陶瓷材料、新型化学建材、装饰装修材料；二是建筑物用能系统管理；三是建造时采用的节能型技术、工艺、设备等；四是建造后工业废渣的综合利用。

三、绿色发展是应对绿色壁垒的现实需求

适应日益强劲的绿色化浪潮，绿色壁垒的产生有其客观必然性。由于绿色壁垒是根据世界贸易组织（WTO）及相关国际协议的相关规定而制定的，因此是合理合法的，并成为国际贸易中的真正壁垒，我们应当大力发展绿色经济以应对

绿色壁垒。

（一）绿色壁垒的出现具有客观必然性

经过艰难的谈判，我国终于加入 WTO。这是我们期盼已久的事，同时也意味着我们在享受相应权利的同时，必须接受 WTO 的游戏规则的制约。

WTO 中有关绿色贸易的规定已经成为发展中国家进入国际市场的最大约束。

促进国际贸易的自由化是 WTO 及其前身关税及贸易总协定（GATT）的宗旨。为了推动贸易自由化的进程，GATT 自产生之日起，就以不断拆除各种壁垒为己任。GATT 是在适应第二次世界大战后各资本主义国家不断拓展国外市场的需要，是为了解决各国已高高筑起的关税和非关税的壁垒而产生的。第二次世界大战后，经济迅速发展的各资本主义国家都要求拓展国外市场，同时，各国也都为了保护国内的市场而高高地筑起关税的和非关税的壁垒，以抵制外国产品的进口。这样做的结果是国际市场上关卡林立，国与国之间的贸易困难重重，各个国家的利益也因此都受到了损害。正是为了解决这样的问题，主要是由发达国家发起，得到 23 个原始缔约国的响应，建立了 GATT，为国际贸易确定了基本的规则和制度。GATT 在它成立之初就拆除了一些关税和非关税壁垒，为国际贸易确定了基本的规则和制度。而在 GATT 的发展过程也是不断拆除各种壁垒，促进贸易自由化和经济全球化的进程。在 GATT 成立后的几十年中，前后经历了八轮的多边谈判，每一次谈判，每一个回合，都拆除了一些阻碍贸易自由化的壁垒。从内容上看，前几轮谈判主要是排除了在商品贸易中的障碍，拆除了非关税壁垒，同时也降低了关税的水平，而乌拉圭回合则主要是排除服务贸易及跨国投资中的障碍，再次降低了关税的水平。这样，GATT 在其自身的发展过程中，一方面削弱了非关税的手段对国际贸易的限制，不断拆除非关税的壁垒；另一方面由于大幅度地降低了关税水平，并确立了符合市场经济要求的国际贸易的基本原则，使关税的壁垒作用也大大下降。

这样，GATT 在发展过程中，形成了一系列有利于推进贸易自由化的原则和规定，促进了经济的全球化。而由于大幅度地降低了关税水平，确立了符合市场经济要求的、体现了商品等价交换、有利于实现公平交易的原则，在这种情况下，那些非关税的行政手段和关税的经济手段对国际贸易的限制就越来越小，这方面的壁垒也越来越少。而在国家存在的情况下，尤其是在南北之间的差距还相当大的情况下，绝对自由化的国际贸易是不可能的，因而取代原来的关税和非关税壁垒的是绿色壁垒，绿色壁垒已经成为当前国际贸易自由化的主要障碍之一。绿色壁垒是当今国际贸易必须面对的壁垒，是 WTO 规则允许的壁垒，是国际贸易中尚未拆除的壁垒。

绿色壁垒的产生有它的客观必然性，国际贸易中的绿色化倾向是各国经济日益发展的绿色化浪潮的必然要求。绿色化潮流正在席卷全球，尤其是发达国家。一方面，随着经济的发展和社会的进步，人们都在追求健康的产品和服务。为满足国内居民的绿色需求，发达国家早已在国内推动绿色生产、绿色营销和绿色消费，实施绿色管理。发达国家有必要，也有能力率先占据绿色化的先机。另一方面，为了保护本国的利益，发达国家也必然要尽可能高高地筑起绿色的壁垒，制定相关的法律与政策来约束和限制外国的非绿色产品的进口，以免伤害本国国民的利益，当然也包括限制外国的投资，因此，发达国家千方百计地把国内的绿色化的行动推广到国际贸易中去。

为了推进和规范国际贸易中已经出现的"绿色化"倾向，WTO 及其前身 GATT 也在其制定的条款中不断增加了这方面的内容，其他国际组织也相继制定了许多保护环境的文件。这些规定和文件使各国的有关环境保护和促进国际贸易绿色化的法规与政策取得了合法的地位。虽然发展中国家在绿色化浪潮中处于相对劣势的位置，发达国家的上述行动也是从本国的利益考虑的，但这毕竟是符合世界发展趋势、符合世界人民利益的潮流，也是符合可持续发展要求的潮流，因而这是客观和必然的。

（二）发展绿色经济以应对绿色壁垒

绿色壁垒是适应绿色化的浪潮而产生的。虽然由于各国所处的发展阶段不同，各国的环境状况及解决环境问题的能力和手段都不相同，但市场是不相信"眼泪"的。如不采取积极的措施以应对绿色壁垒，在国际市场上就只能是寸步难行。目前，各国主要采取以下几种做法。

第一，政府提供绿色补贴，以增强本国产品的竞争能力。由于绿色壁垒是出口产品难以逾越的外部障碍，因此各国都把注意力转向国内，即千方百计"练好内功"。许多国家为了鼓励出口,由政府提供绿色补贴,包括对环保企业及环境治理、绿色技术的政府补贴、低息贷款或无息贷款等,这类补贴不属于非关税壁垒的范围。虽然在WTO修改后的补贴与反补贴的有关规则中,已经对非关税壁垒的政府补贴有了更为严格的规定,但这种绿色补贴属于不可申诉的合法的补贴范围,因此这种方式为越来越多的国家所采用。

第二,推广绿色认证制度。绿色认证包括地区的认证、企业的认证和产品的认证。经国际社会的长期努力,有关认证的标准和范围已经有了明确的规定,也形成了一整套完整的制度。虽然这些制度目前还不具有强制性,但许多国家都自愿推广。因为这些国家认识到,推行绿色认证制度是提升地区、企业竞争力的有效途径,当然也是扩大出口的重要措施。因为绿色制度的标准是国际通用的,打上绿色的标签,就提高了企业的身价,产品的质量有了保证,就等于领到一张绿色通行证,这样的企业和产品就可以在国际市场上畅通无阻,可有效地扩大出口,提高经济效益。

第三,制定较高的绿色标准,并严格执行,以阻止外国商品进口。这里主要是依据国际上的有关规定,制定相关的技术性标准,对进口商品和设备进行市场准入审查。实际上,随着人们对环境的日益关注,一些已经制定标准的国家正不断提高其标准门槛,另一些原来还没有标准的国家又会相继制定标准,因此就会使这一类的技术性标准越来越高,也越来越普及。这对出口国来说,尤其是对发展中国家来说,必将成为其市场准入的极大限制。不仅商品本身,包括商品的外包装材料,也都必须符合环境保护的要求。实际上,由于环境方面的市场准入标准问题,我国的农产品出口也处于非常困难的境地,如茶叶、水果、粮食、水产品等,能够达到出口要求的并不多,尤其是出口到发达国家就更难了。发达国家对绿色产品的需求很大,尤其是对绿色食品的需求特别大,如英国的绿色食品需求的80%、德国的90%是依靠进口来满足的,这对发展中国家来说是一个很好的机遇,能抓住这一机遇的企业就能得到很好的发展。从"二噁英"事件后,伊利集团等一些绿色乳品生产企业就迅速行动起来,积极进入国际市场,取得很好的效果。

第四,为了保护国内的资源与环境而限制出口。现在,人们越来越认识到生物多样性对生态系统稳定性的重要意义,人们越来越认识到不可再生资源对可持续发展的重要作用，各国对这些产品的出口给予了高度的重视，开始限制这些产品的出口。除了珍稀动植物，近年来，许多国家已经开始限制原木出口，我国也应当采取相应的政策。

第二节　资源经济绿色转型的内部机理

绿色发展谋求人与自然的和谐发展，在操作层面上，不仅需要将生态环境的价值资本化，而且需要进行相应的制度变革。在绿色发展理念下，我们有必要用一种全新的视角对资源型经济环境下的发展理念进行分析。

一、环境与经济增长的政治经济学分析

经济增长意味着资本量的不断积累，资本增值的内在表现是价值量的增加，而价值量增加的前提条件是完整价值链的形成。关于价值的形成，马克思在《资本论》中进行了论述。商品具有价值和使用价值两个基本属性，商品的价值是通过使用价值的让渡来实现的。在整个价值形成过程中，资本只是发生了价值转移，劳动过程才是价值的创造源泉，剩余价值也是在扣除劳动成本后计算的。然而，在整个价值形成过程中，环境一直充当着使用价值的角色，没有作为成本要素被纳入价值体系中来，在价值实现过程结束后也未能得到补偿。为了进一步分析环境在一般价值形成过程中所起的作用，我们将从劳动力价值（V）、劳动力创造的全部价值（V+M）、不变资本（C）、绿色资本四方面分析环境在一般价值创造方式中发挥的作用。

（一）环境对劳动力价值的作用机制

劳动力价值由三方面组成：维持自身生存必需的生活资料价值、延续劳动力所必需的生活资料价值和用以培训适合再生产需要的劳动力价值。我们可以发现，在劳动力价值的组成结构中，环境的改善有助于降低维持劳动力日常生活的费用，进而使资本实现增值。而生态环境在价值形成过程中对劳动力价值的影响机理是：当劳动生产率一定的情况下，生态环境越好，劳动力日常生活维持的费

用越低，需要支付的劳动价值就越少，价值增值空间也就越大。

（二）环境对劳动力创造的全部价值的作用机制

劳动力价值不变的情况下，良好的环境有利于提高剩余价值率。劳动创造的全部价值（V+M）包括劳动力价值（V）和新创造的价值（M），在劳动力维持自身费用不变的情况下，价值总量形成值的大小由新创造的价值（M）来决定。劳动创造的新价值是指在价值实现过程中通过劳动形成的新的价值。在此价值的创造过程中，环境主要通过影响价值的创造效率来对整个价值创造过程产生影响。

环境对生产效率的影响分为两种情况。

第一，对环境依赖程度高的价值创造过程。环境越好，生产效率越高，新价值量单位产出程度就越高，这时表现出资本总量的不断增加和再生产规模的扩大。

第二，对环境依赖程度低的价值创造过程。环境的好坏对于生产效率的提高影响较小，此时的环境要素不作为研究影响价值效率的主要因素。

（三）环境对不变资本的作用机制

在不变资本价值一定的情况下，环境优劣对价值总量的大小影响程度很低。不变资本（C）是指在价值创造、形成过程中以商品或者生产资料形态存在的资本，自身没有价值创造的能力，只是在生产过程中，它的价值随着物质形态的改变而转移到新产品中。不变资本价值的大小由社会必要劳动时间决定，其自身所附带的价值量在进入价值创造过程之前已经被确定，环境要素的出现无法使其增加或者减少。因此，环境的介入并不能影响不变资本的价值，进而影响总价值量的变化。

（四）环境对绿色资本的作用机制

绿色资本造就了自然垄断性价值的形成，环境要素的植入有助于其价值维度的增加。绿色资本是指在价值形成过程中，增加一种外伸途径（环保），要求生产资料部门加大在环境保护方面的一种资本投入力度。此处的绿色资本指的是在市场中植入环保产品，并围绕环保产品形成的一个价值增值活动。不同于一般的政府环境管制，环境管制意味着收费（减少价值总量），相当于抽走资本家创造的剩余价值，而绿色资本是在传统的价值创造过程中添加外力，通过增加不变资本（环境）的投入，进而增加生产资料的价值。不同于一般市场化商品，自然环境具有天然垄断性。在商品的价值形成过程中植入绿色要素，显然具有很强的市场竞争力，资本增值方式的简单性必然吸引大量的预付资本注入此领域，并形成新的价值创造方式。显然，该资本的出现意味着在社会总资本之上，再加一个绿色方面的资本，扩大了价值的维度，扩宽了价值创造的方式。

二、资源型经济绿色转型的内在机理研究

资源型经济进行绿色转型，必须更新发展理念，将生态理念融入经济发展的各个环节之中。

（一）科技创新推动绿色转型的内在机理研究

科技创新驱动经济发展的主要逻辑在于通过要素使用效率的提升，使企业保持长久竞争力，提高其可持续发展能力。现有文献大多将生产效率作为衡量要素使用效率的直接指标。生产效率通常被定义为企业生产要素的投入和产出比，是衡量企业可持续发展能力和长期绩效的重要指标，反映了企业的价值增加路径，决定着企业未来的发展。目前，科技创新对经济质量发展的提升路径主要有以下三种：首先，科技创新会创造新的流程、模式，改变资源利用方式，实现全要素生产率和整体效率的提升；其次，科学范式的改变，会对整个产业的技术标准产生显著影响，传统产业基于创新链、创新要素集聚推进升级，从而影响产业内的创新生态；最后，科技创新改变了企业在经营活动中的传统模式和范畴，提升了企业的非技术创新效率，深刻改善了发展质量。

绿色创新对中国企业发展质量的提升具有重要意义：首先，绿色创新是大多行业标准制定的重要考量，企业可通过推动行业标准的升级，抢占市场先机，倡导绿色消费，推动绿色经济发展；其次，绿色技术创新能够为企业形成"隔离机制"，产生独特的市场竞争力，占领细分市场，保护企业的边际利润；最后，工业转型升级的曲线拐点取决于清洁行业和污染密集行业技术效应的相对大小，因此，绿色创新对产业升级也有重要作用。企业可以通过以上绿色技术创新的三种效应来带动经济的高质量发展。

（二）产业转型升级推动绿色转型的内在机理研究

产业结构升级优化的内涵是逐步实现产业结构的高度化和合理化。高度化是指产业结构通过科技创新、知识资本、机制体制的"赋能"，使产业链本身的资源呈现出价值性、稀缺性、难以替代性、难以模仿性，使得产业链能够持续产生高附加值；合理化是指产业不断升级的目的是寻找一个最优点，在这个点上的产业资源配置的效率和效益都能达到最优。

科技创新在产业升级过程中扮演着催化剂的角色，主要功能聚焦以下两点：首先，企业通过技术创新的累积，知识资本的嫁接、裂变，嵌入效应，实现规模报酬的递增，加上变革性、颠覆性的技术抢占市场，赢取"超额利润"，使产业中的企业资源呈现出珍贵、稀有、不完全模仿、不可替代的特性，从而提升产业结构整体竞争力及其对环境突变的抵抗性；其次，企业通过非技术创新的经验积累和试错匹配，使产业对于资源的宏观把控能力增强，在以价值可持续递增为核心的资源分配理念指导下，使资源配置的效率和效益实现稳定提升。因此，在科技创新的催化作用下，产业结构迅速升级，且升级优化效果显著。

在粗放式经济发展模式下的污染密集型产业对我国环境生态产生了恶劣的影响，绿色创新是这一语境下的又一重要话题。绿色创新通常被定义为通过对制造工艺、生产技术、中间产品和最终产品等环节或整个制造生产系统的优化改善，来消除或减少对环境的破坏。

第三节　绿色经济模式的原则与本质

一、绿色发展与兴起的世界背景

（一）绿色经济和可持续发展

1. 绿色经济的定义和理论框架

关于绿色经济的定义，众说纷纭。作为一种经济形态，绿色经济是以绿色产品和服务为主的经济。相应地，绿色经济的决定性指标是：独立经济体一半以上的产品和服务得到权威的环保认证。这一定义在逻辑上同农业经济、工业经济和服务型经济的定义是一脉相承的。

作为一种经济手段，绿色经济指的是针对关键的环境制约因素（如碳制约），通过调整总需求（总投资、总消费和政府开支），创建并积累新资本，如清洁的、低碳的，能够提高资源和能源使用效率的人造资本，对人类生活和生存至关重要的自然资本，受到良好教育、掌握现代化清洁技术的、健康的人力资本，以及有利于和谐、包容与公平的社会资本（如社会保障体系）。绿色经济作为一种发展模式，归根到底是要变环境制约为发展动力的。

关于绿色经济的理论，根据目前已经开展的相关工作分析得出，绿色经济理论框架有三个支柱。第一个支柱是"地球边界"理论，即由斯德哥尔摩适应力中心的觉汉·洛克斯特罗姆和澳大利亚国立大学的威尔·斯代芬所领导的地球系统和环境科学家在 2009 年提出的，并在九个领域给人类划出的"安全操作空间"。我们把这个理论所蕴含的自然生态经济系统的边界"拿"过来，在狭义的经济系统乃至社会经济系统外面加上一个边界，表示经济必须在环境（以及社会经济系统）的制约下运行。第二个支柱是在宏观经济学中扩大了的柯布-道格拉斯生产函数，通俗来说就是国内生产总值（GDP）来自人造资本、自然资本、人力资本和技术资本的组合作用。第三个支柱是在宏观经济中体现出的所谓"需求面"的模型，即在总供给一定的情况下如何通过调整总需求中的投资、消费和政府开支来实现理想的 GDP、就业和价格水平。绿色经济理论要探讨的是：如何针对地球边界的制约，通过总供给和总需求（包括其结构、导向和数量）的改变来创建并积累新一代资本，变制约为契机，拉动经济增长，创造就业机会。

2. 可持续发展的概念

谈绿色经济要先谈可持续发展，这是因为：①绿色经济是以可持续发展所遇到的问题为导向的；②2012 年 6 月，在巴西里约热内卢召开的联合国可持续发展大会（简称"里约+20"）确定了绿色经济是实现可持续发展的一个重要工具。会议的相关文件要求联合国对那些对绿色经济感兴趣的国家提供各方面的支持。

1992 年，联合国环境与发展大会（简称"地球峰会"）在里约热内卢召开，在国际政策层面确立了可持续发展的重要地位。这个会议通过的"21 世纪议程"

主张"应将可持续发展列为国际社会议程中的优先项目",并呼吁各国"共同努力,建立促进可持续发展的全球伙伴关系"。在社会经济领域,"21世纪议程"讨论了如何加速发展中国家可持续发展的国内决策和国际合作,内容涉及消除贫穷,改变消费形态、人口动态与可持续发展能力,保护和增进人类健康,促进人类居住区的可持续发展及将环境与发展问题纳入决策过程等。"21世纪议程"涉及的环境保护内容包括保护大气层、统筹规划,以及管理陆地资源的方法,制止砍伐森林和保护生物多样性等多个方面。

3. 可持续发展的进展和挑战

第一次里约热内卢地球峰会之后,国际上推动可持续发展的努力不曾间断,主要的活动包括:千年发展目标、千年生态系统评估、若干多边环境协议及联合国环境规划署联合推动的"贫穷–环境倡议"等。2002年,在为纪念地球峰会10周年在南非首都约翰内斯堡召开的可持续发展问题世界首脑会议上,各国政府重申了对可持续发展的承诺,要担负起一项共同的责任,即在地方、国家、区域和全球各层面促进和加强经济发展、社会发展和环境保护这几个领域相互依存、相互增强的可持续发展。

但是,世界在实现可持续发展的过程中所遇到的挑战依然严峻。在环境方面,世界面临着多重危机,包括气候变化、生态系统退化、资源浪费,以及对化学品和垃圾的处理问题等。

可持续发展这个观点已经提出了多年,其进展依然不尽如人意。就发展中国家来说,可持续发展进展缓慢的原因是:缺少资金,缺少技术和缺少能力。当在国际会议上每次讨论可持续发展相关议题时,这些现实存在的问题毫无例外地被摆在了桌面上。这些问题背后固然有政治原因,但发展中国家相对薄弱的发展能力是无法回避的事实。解决全球环境问题,要遵循"求同存异"的基本原则,发达国家要承担全球环境问题的主要责任。因为按人均算,发达国家的碳排放和资源消耗远远超过发展中国家。发展中国家要消除贫困,需要经济发展空间。在解决环境问题方面,发达国家应向发展中国家提供资金、技术和基础设施建设支持。发达国家的观点是:发展中国家的新兴经济体,虽然人均二氧化碳排放和资源消耗较低,但绝对量在不断攀升,因此这些经济体应该对全球环境问题的解决担负起相应的责任。

除了国际政治因素，还有一些问题也阻碍了可持续发展的推进。

第一，发达国家的要务是降低社会面的高失业率。近年来，发达国家的经济持续低迷，失业问题更为突出。虽然经济增长并不意味着就业的自然增长，但提高增长仍被看作是解决失业问题的主要方式。新兴经济体面临的挑战是如何在资源环境问题逐渐突出和国际竞争日益激烈的情况下继续保持经济增长。环境问题从根本上说就是发展问题，大多数发展中国家，特别是低收入国家，减贫仍是重中之重，而经济增长是减贫的最主要方式，因此，发达国家"先发展后治理"的传统经济发展模式仍有一定的市场。在多数国家中，经济发展的呼声最高，社会发展次之，而环境保护放在最后。

第二，从推动可持续发展的相关机构来说，以往的研究和宣传往往偏重环境和经济以及环境和社会之间的负面关系。就环境和经济发展状况而言，资源对经济增长的制约和经济活动对环境的影响是双向的。有些组织和专家也在从正面构建环境和经济的关系，比如，20世纪90年代在自然保护组织中比较流行的"保护和发展综合项目"。

第三，在解决环境问题时，许多国家采取的政策往往是被动的、负面的，如下达节能减排指标或征收环境税费等。这些政策本身无可厚非，如运用适当，可以在一定程度上缓解环境问题。

第四，可持续发展的理论缺乏创新。在可持续发展理论研究方面颇具影响的是所谓的"强可持续性"和"弱可持续性"理论。这两者都应用了"自然资本"的概念。前者通常代表了环保学者的主张，要求自然资本总量不得减少，而后者则代表了经济学者的意见（1987年诺贝尔经济学奖得主罗伯特·索洛被认为是弱可持续性理论的奠基者），只要求资本总量（包括人造资本、自然资本和人力资本）不得减少，也就是主张自然资本的减少可以从其他资本的增加中进行弥补。实际上这是两条比较极端的路线。一方面，在现实生活中，不可能保持自然资本一成不变。如许多低收入国家拥有丰富的矿产资源（自然资本），但严重缺乏人力资本，以及像公路、住房和发电厂这样的人造资本，这些国家用自然资本换取其他资本，不仅必要，也是理所应当的。但另一方面，自然资本是个大概念，其中有关键和非关键、可再生和不可再生，以及可替代和不可替代之分。如可耕地在变成水泥地后，再变回去就难了。可惜强弱可持续性理论在区分不同类型的自然资本并为之划出各自边界或是底线方面没有太大的作为。此外，这一理论关注更多的是保存资本存量，没有探索如何积极地创造并积累新型资本，如清洁资本，通过提高资源和能源的使用效率来带动经济增长。

（二）联合国视野下的绿色经济

1. 绿色经济和绿色新政

2019 年 9 月 26 日，联合国贸易和发展会议发布《2019 年贸易和发展报告》（以下简称《报告》）。《报告》提出要为全球绿色新政融资，并充分发挥公共部门的主导作用，为实现联合国 2030 年可持续发展议程提供解决方案。

当前，全球经济复苏乏力，地缘政治争端、贸易摩擦、多边主义体系受到冲击等问题进一步阻碍了经济增长速度。在此背景下，报告提出"全球绿色新政"，认为投资绿色环保领域将成为收入和就业增长的主要来源，有助全球宏观经济复苏，帮助实现更公平的收入分配，也有利于保护环境。《报告》提出了使债务、资本和银行为发展服务并为新政融资的一系列改革措施。"绿色新政将经济增长、环境保护、社会和谐三者结合在一起"。

《报告》强调公共部门在推动全球经济增长中的主导作用。随着经济自由落体式下跌，政府才是问题的真正解决者。《报告》表示，恢复对政府智慧和权力的信心需要成为国际社会的第一要务。

对发展中国家来说，绿色新政也带来了新的发展机遇。与发达国家相比，发展中国家面临较低的转型成本，因此，其可从清洁能源中节省更多可用资源。绿色新政还有利于提高发展中国家的税收能力。对发展中国家而言，一般只有政府才有能力进行公共投资，因此，需要政府提高税收能力，保障财政收入。

2. 绿色经济的概念问题

一般认为，在英文资料中，"绿色经济"的表述最早见于 1989 年出版的《绿色经济的蓝图》（简称《蓝图》）。《蓝图》是由已故的著名经济学家大卫·皮尔斯与他当时在伦敦环境经济中心任职的同事阿尼尔·马康迪亚和爱德华·巴比埃共同为英国政府所撰写的一份报告。《蓝图》虽然在封面的题目里有"绿色经济"的字样，但全书从头到尾并没有给出绿色经济的定义，只是指出了环境和经济之间的相互依赖是理解可持续发展这一概念的关键所在。该报告把环境与经济之间的关系总结为"经济影响环境"和"环境影响经济"。根据该报告的观点，环境质量和经济增长的正向关系在劳动力的健康状况及绿色部门的就业方面得到体现。同时，该报告也承认经济增长和环境质量之间是存在此消彼长的关系的，关键是人们在取舍时要充分认识到环境可能受到影响的那部分价值。报告的结论之一是：问题不在于我们要增长还是不要增长，而是如何增长。报告隐约示意：将环境融入资本的投资当中或许可以解决经济增长和环境保护之间的矛盾。

1991 年，英国著名学者迈克尔·贾考伯出版《绿色经济：环境、可持续发展和未来的政治》一书，在书中他用了一个更广的框架来分析环境和经济的关系，他的分析极力避免用"绿色"来代表"环境"。贾考伯用首字母大写的"绿色"来表示一种意识形态，把研究重点放在了人类同自然界之间的关系上，试图寻求一种具有非物质的、非（人类）中心论的合作价值观的社会。他用这一分析框架来弥补在环境经济学中新古典主义的缺陷（强调用"正统"的估价和价格手段来处理环境问题）。此外，贾考伯对环境政策给社会的公平和贫困所带来的影响也有所思考。

发展绿色经济需要政府通过伸出"看得见的手"来引导市场规律这只"看不见的手"。当然，这么说并不是要否定价格浮动、竞争机制等市场手段在绿色经济发展中的积极作用，而是要将宏观调控与市场调节结合起来。

当联合国环境规划署在 2008 年提出绿色经济倡议时并未关注绿色经济的定义问题。环境规划署执行主任施泰纳最早为该倡议定的题目并非"绿色经济"，而是"宏观经济与环境"，考虑到宣传的效果，才将该倡议更名为"绿色经济"。随着这项倡议的影响不断扩大，国际上关于绿色经济定义的提问接踵而来。为了应对这些问题，环境规划署给出了关于绿色经济的官方定义：绿色经济是一种在改善人类福祉和社会公平的同时显著降低环境风险和生态稀缺性的经济，而这一宽泛的类似可持续发展的定义并未使绿色经济的定义问题尘埃落定。

从对绿色经济概念的探讨来看，绿色经济一般被理解为一种同自然环境相匹配的经济体系，是环境友好的、可持续的、公平的经济发展模式。在绿色经济支持者眼里，这些特征应该是加诸任何一个经济体之上的必要条件。绿色经济的这一常规的概念可被理解为"经济发展的绿色化"。里约地球峰会制定了一些绿色经济的标准，如对可再生资源的使用不应超出其再生能力，创造可再生的替代品来弥补非可再生资源的消失，把污染控制在自然界的吸纳功能之内及保持生态系统的稳定和弹性等。

在对绿色经济概念的界定中，常被忽略的是绿色经济中的新成分，比如，针对绿色产品和绿色服务的投资、绿色发展带来的就业机会。综合绿色经济的常规概念和新概念，中国国家发展和改革委员会资源节约和环境保护司对"绿色经济"曾做过精辟的解释："绿色经济"就是经济的绿色化、绿色的产业化。所谓经济的绿色化，就是经济活动要符合环境标准；所谓绿色的产业化，是指要把环保活动转化成经济活动。在这方面，最能体现绿色经济活动的是在中国逐渐兴起的环保产业。

随着对绿色经济概念的讨论在联合国内外的展开，人们也开始越来越关注绿色经济和社会问题之间的关系。在这方面，"绿色经济"可以有两种解读。第一种解读是绿色经济主要是使环保和经济结合起来，而贫困和公平问题可以间接地得到解决。比如，在广大农村推广清洁炉灶，可以改善农村人口特别是女性的健康状况。再比如，解决农村饮用水和卫生条件，也有助于农村人口的健康问题。第二种解读是"绿色"不仅包含环保，还应直接涵盖消除贫困和实现社会公平。联合国在 2011 年 11 月发表的一份题为"为平衡的、具有包容性的绿色经济而努力"的报告中指出，"绿色经济"要使公共政策和投资向四大方面倾斜——清洁技术、生态环境、教育卫生和社会保障，其中的社会保障就是关系到社会公平的一个重要环节。

此外，在国际上讨论绿色经济概念过程中还有一个经常出现的问题，即绿色经济和"绿色增长"这两个概念之间的区别。

在国际上，较早提出"绿色增长"概念的是联合国亚洲及太平洋经济社会委员会。2005 年，该委员会在韩国政府支持下在亚太地区推动绿色增长的发展，把它作为实现可持续发展的区域性战略。该委员会对绿色增长的定义是"强调环境方面可持续的经济进步的增长，用以促进低碳的、具有社会包容性的发展（ESCAP）"。这里有三点需要注意：一是"增长"不等同经济的进步，二是"绿色"代表环境方面的可持续性，三是低碳和社会包容是绿色增长的目标。从本质上讲，这一定义和前面讨论的绿色经济的一般概念相似，即经济增长要服从环境和社会的发展标准。

在联合国环境规划署提出绿色经济倡议后不久，由于其绿色经济的官方定义和可持续发展的基本概念极为相似，有不少人问两者究竟有何区别。这个问题在2012年的"里约+20"会议上基本得到了解决，会议的成果文件对绿色经济定位是"实现可持续发展的重要工具"。根据这个定义，可持续发展乃是人类发展的具有终极意义的远大目标，绿色经济是实现该目标的一种方法和途径。各国的国情不同，可持续发展的目标也有所差异，绿色经济模式也会发生变化。从全球的角度来说，联合国认为在绿色经济概念下推动可持续发展是使公共和民营资本配合消费模式的改变的一种重要手段。为了促进绿色投资，还需要一系列政策的支持。总的来说，政府可以通过运用规章制度、价格机制及宣传教育等手段来引导投资向环保方面倾斜。

一些机构和专家对联合国的绿色经济的概念持不同意见。这样的情况在2012年6月的"里约+20"会议之前尤为突出。比如，ETC集团在2011年11月发表了一份题为"谁将掌控绿色经济"的文章。该组织认为：绿色经济就是把他们对化石燃料的依赖转向对生物质的依赖，而掌握高科技的大公司在这方面处于优势，会变得更加强势，造成所谓大规模的"自然商品化"。因此，他们担心，对生物质的追逐将破坏生物多样性，对处于社会边缘、高度依赖生物质为生的人们将会产生不利的影响。即使在联合国内，也有个别专家批评绿色经济给人以太多"错误的期待"，因为这一途径根本"不足以对付气候变化的复杂性"。这两种意见反映了对绿色经济概念理解的偏差。我们在介绍绿色经济定义时讲到，作为一种经济形态，绿色经济指的是以绿色产品和服务为主的经济。作为一种经济手段，它指的是针对关键的环境制约因素，通过调整总投资、总消费和政府开支，创建并积累清洁资本、自然资本、人力资本和社会资本，化环境制约为可持续发展契机。这里不存在鼓励大公司追逐生物质的问题，也从来没有人断言绿色经济就是完全解决气候问题的唯一途径。

在国家层面，发展中国家曾普遍担心发达国家会利用绿色经济的概念来提高其进口产品的环保要求，打着绿色的旗号实施贸易保护主义。发展中国家也担心发达国家会以绿色经济为由在开发援助中更多地附加环保方面的条件，压缩本国经济的发展空间。"里约+20"会议的成果文件明确反对贸易保护主义，并把绿色经济作为各国可以选取的一种工具，这在一定程度上消除了这些顾虑。

3. 国际组织对绿色经济的研究

联合国环境规划署在 2008 年发起的绿色经济倡议的一个重要策略是抓住在绿色经济发展中所蕴含的机遇。在研究方面，不仅要在宏观经济层面对绿色投资的优越性予以论证，还要针对如何吸引绿色投资提供建言。

在"里约+20"峰会前后的几年里，在联合国范围内，一般公认的、有影响的绿色经济研究是联合国环境规划署在 2011 年 11 月发表的绿色经济报告。负责"里约+20"会议的联合国前副秘书长沙祖康曾多次提到，环境规划署的这份报告在"里约+20"会议前后被很多国家所引用。与以往的研究相比，该报告在以下几方面具有积极的参考价值：①它强调了环境和经济之间的正面关系；②它证明了绿色投资和常规投资相比对宏观经济有更为积极的作用；③它提出了用绿色投资作为融合环境和经济目标的一个主要工具；④它不单纯地讲政策，而是把政策与如何创造条件来支持绿色投资结合起来。

第一，联合国环境规划署的绿色经济报告关注环境和经济之间的正面关系，它试图证明环保投资有助于实现政府的基本经济目标，即收入增长、就业增长及贫困的消除。在以往对环境和经济问题的研究中，关注点往往是经济增长如何破坏环境，而环境的恶化又如何反过来制约经济的增长，并没有显著地论及环境和经济之间的正面关系。环境署的绿色经济研究并不是要否定环境和经济之间的负面关系。环境署强调正面关系是要对长期以来人们对环境和经济之间的关系的负面解读做一次矫正，使人们认识到绿色投资是实现环境和经济和谐发展的一种重要手段。

第二，联合国环境规划署的绿色经济报告用宏观经济分析框架探讨了环境和经济之间的关系，而以往的研究则注重经济发展的微观视野。以往的政策建议通常包括环境估价、全成本定价、改革不良补贴等。虽然一些研究也涉及制度失灵，但主要讨论集中在产权问题和政府的政策实施能力问题上。在与环境相关的宏观经济层面，以往的研究人员主要关注国民账户体系的改革，但这一体系在 GDP 的计算中未考虑自然资本的变化。联合国环境规划署绿色经济报告则科学评估了宏观经济政策对环境的影响，以及污染和环境退化对宏观经济的影响的双重关系。

　　第三，联合国环境规划署的报告把宏观意义上的投资作为主要手段来建立环境与经济之间的正面关系。世界经济发展面临着众多的挑战，其中投资不足或投资的方向错误是影响世界经济发展的主要原因，比如资金大多流向化石能源的生产和消费领域。要解决这些问题，需要改变投资理念，如通过合理引导资金流向绿色发展领域来解决因粗放型发展引发的一系列问题。要想解决生态系统退化问题，就需要投资森林、湿地和海洋保护，解决贫穷问题需要投资教育、卫生或人力资本；要想解决经济衰退和高失业率的问题，就需要投资公共工程和职业培训计划等。事实上，投资是一个强大的连接器，它能把看似不同的政策问题捏合在一起。

　　1991年，世界资源研究所的杰内特·阿勃拉莫维茨出版了《投资于生物多样性：美国在发展中国家的研究和保护工作》一书。不过，在这份报告中的投资概念是广泛的，指的是美国的一些机构对发展中国家生物多样性有关活动的支出。真正意义上的绿色投资是将资金配置到绿色生产部门。大卫·皮尔斯在2005年发表的《为了扶贫而投资环境财富》的报告中，从经济学的角度论述了投资绿色经济与消除贫困的关系。就中国当前的绿色经济发展来看，在绿色投资中加入社会责任和社会和谐建设的内容，在可持续发展和社会和谐思想指导下，以保护资源与环境为核心，承担社会责任，从而促进人与自然和谐发展。

　　联合国环境规划署报告提出：投资可再生能源、节能技术、公共交通、废物回收利用、节约用水和有机农业生产等领域具有广阔的前景，并通过建模预测了这种绿色投资在全球层面的影响。这些绿色投资可望产生广泛的经济、社会和环境效益，但这些效益并不总是会狭义地体现在项目投资回报率上。只有这种兼顾生产效益、投资效益和环保效益的投资在整个宏观经济系统内的广泛影响，才能使我们客观认识环境与经济之间的正面关系。

　　第四，联合国环境规划署报告把政策的讨论与绿色投资结合起来，对经济和环境进行综合讨论的政策研究很多，大致分为三类：①规章制度和行政法规研究；②经济和"基于市场"的手段建言；③信息工具应用或道义说服。这些政策措施的目的是改变企业和个人的行为，包括投资决策。联合国环境规划署认为：单纯地讨论政策而不把政策同资金流向结合起来，很难产生实际效果。同资金流向有直接关联的政策主要包括公共投资政策、产业政策、财政政策、贸易政策、外资政策、金融政策等宏观层面的经济类政策。

除了联合国环境规划署，研究绿色经济的其他主要机构有经济合作与发展组织和世界银行。下面对其主要研究结论做简要介绍。

经济合作与发展组织。在众多国际组织中，经济合作与发展组织对绿色经济进行了大量研究。在经济合作与发展组织发表的各类文件中，最具代表性的是2011年的《迈向绿色增长》报告。这份报告勾勒出绿色增长的七大来源：资源市场率的提高、创新、新市场、投资者的信心、稳定的宏观经济环境，特别是财税制度的改善、资源瓶颈的破除，以及对自然系统严重失衡的纠正。在绿色增长的政策框架方面，它强调：①好的经济政策是任何绿色增长战略的核心；②把自然资本作为生产要素，可以减轻对环境的压力；③科技创新，通过可再生资本替代自然资本，使增长同自然资本的消耗脱钩；④运用一系列指标来衡量增长的质量和构成，科学界定绿色经济对人们的财富和福祉的影响；⑤现在采取行动可以避免未来巨大的经济损失；⑥经济决策要有长远观点，因为今日决策下的增长模式会和技术变革相互依托；⑦绿色增长政策要同扶贫目标相结合，包括提供高效的基础设施，提高全民健康水平，提高资源利用率，研发或引进新技术。

世界银行。来自世界银行的主要研究报告，2012年5月"里约+20"会议前夕发表《包容的绿色增长：通往可持续发展的路径》。该报告的主要结论如下。

①目前的增长模式无法持续且效率很低，因此应该纠正市场制度的失灵，通过改进政府运作，提升经济发展效率；

②绿色投资和绿色技术并非发达国家的专利，发展中国家也可以通过改善环境获取经济效益；

③绿色经济着眼未来，需要统筹兼顾短期发展和长远目标；

④忽视自然资本就如同忽视人力资本和人造资本一样，并非科学的管理方式，对经济的发展具有负面影响。

（三）全球绿色经济的主要趋势

1. 可持续发展的多重路径

2013年2月，联合国环境规划署在肯尼亚的内罗毕召开第二十七届理事会暨全球部长级环境论坛。会上通过了一份由中国政府提出的关于"在可持续发展和消除贫困背景下的绿色经济"的决议。该决议核心内容是认可并鼓励各国开展与绿色经济相关，但不一定用绿色经济来命名的倡议和活动，如生态文明、自然资本核算、生态服务补偿、低碳经济、资源效率及同地球母亲和谐相处等。该决议要求环境署收集这类不同的倡议、实践和经验，也包括绿色经济本身的活动，在各国之间进行传播。该决议要求各国根据"里约+20"的成果文件来实施绿色经济。随后，中国政府对环境署提供了资金支持，使环境署得以收集并宣传在决议中所提到的一些国家的有关倡议。这方面的工作初步涵盖的内容有中国的生态文明、泰国的"知足经济"、玻利维亚的"良好生活"，以及南非的绿色经济等。

应对全球金融危机，将关键的社会经济压力及全球和本地的环境问题一同放到经济发展的战略中来考虑。绿色经济活动的重点放在了动员本地的知识和技术力量来实施绿色经济。南非的绿色经济概念植根于政府于 2010 年 5 月举办的国家绿色经济峰会，其定义是：可持续发展的一个途径，从根本上解决经济增长、社会保障和自然生态系统之间的相互依存问题。

泰国的"知足经济"：泰国国王普密蓬陛下早在 1974 年就预见到了有必要改变不可持续的做法。在国王的远见卓识下，诞生了"知足经济"的理论，强调把中庸之道作为家庭、社区和国家各阶层压倒一切的行为准则。这一理论被认为是在泰国实现消除贫困和可持续发展的唯一途径。在 1997 年的亚洲金融危机中，这一理念显得尤为重要。在那段时间，泰国不得不制定一些难度较大的政策来重整经济。这一理念已被普遍运用于许多泰国政府的项目中。自 2002 年起，泰国的国家经济社会发展计划把"知足经济"放在了国家发展和管理的核心地位。

2. 国际上支持绿色经济的主要倡议

（1）绿色经济行动伙伴关系

为响应"里约+20"的号召，联合国环境规划署和国际劳工组织、联合国工业发展组织、联合国培训和研究学院，于 2013 年 2 月在环境规划署的理事会上宣布建立"绿色经济行动伙伴关系"，共同为有意发展绿色经济的国家提供技术和能力方面的支持。在 2014 年 6 月的联合国环境大会上，联合国发展规划署也加入了这一项目。目前，该项目率先在蒙古国和秘鲁开展有关绿色经济的规划工作。从规划角度来说，首先，环境规划署建议在国家层面由具体的可持续发展目标来驱动；其次，分析达标所需的投资规模、部门和地域，包括分析投资转向的问题；最后，考察有哪些政策可以带动绿色投资或加强绿色投资的效果。具体来说，联合国从事绿色经济工作的主要机构建议，国家层面的绿色经济分析分四个部分：①初步研究和目标制定；②投资分析；③配套政策的鉴定；④投资和政策影响评估。当然，除了帮助开展绿色经济政策分析和规划，这一联合国机构间的项目还提供能力建设、政策实施、寻求绿色投资资金等方面的支持。

（2）全球绿色增长机构

2010 年 6 月 16 日，在韩国总统李明博的倡议和支持下成立了全球绿色增长机构，目的是建立一个国际平台以促进实证研究和政策创新，并彰显机遇，推动国家和行业努力实现经济和环境的协调发展。全球绿色增长机构通过在发展中国家政策、行业和研究层面的活动，希望成为联结发达国家和发展中国家、公共和民营部门及企业家和学者之间的桥梁。该机构总的目标是用其知识、网络和经验为发展中国家提供最佳的技术援助和支持，帮助发展中国家促进和实施各自的绿色增长战略。

全球绿色增长机构最初是作为非营利性的基金会而诞生的。2012 年 6 月，在"里约+20"峰会期间，该机构和峰会成员国签署了作为国际组织的成立协议，并于当年 10 月正式成为一个政府间组织。

（3）绿色增长知识平台

绿色增长知识平台是一个由超过三十个国际组织、研究机构与智库构成的全球网络，目标是识别在绿色增长中的主要理论与实践方面的知识缺口，并通过促进合作与协调研究来填补这些缺口，同时鼓励广泛的合作和世界级的研究，为企业家和决策者提供绿色经济转型所必要的政策指导及良好的实践经验、分析工具和数据，为各国的绿色发展提供重要的帮助和支持。

绿色增长知识平台建立后不久就吸收了众多不同领域的"知识伙伴"，包括在地方、国家、地区和国际层面所开展的绿色增长和绿色经济活动中十分活跃的处于领先地位的组织。

（4）全球绿色增长论坛

全球绿色增长论坛是 2011 年由丹麦政府与韩国和墨西哥政府推出的年度峰会，它的使命是"探讨并展示如何更好地协调处于领先地位的企业、投资者、关键的公共部门和专家来有效地驱动市场渗透，发挥长期的包容性绿色增长的潜力"。2012 年，在国家层面，中国、肯尼亚和卡塔尔加入了这一倡议。其他成员有经济合作与发展组织、国家能源机构、联合国全球契约、国际金融公司、全球绿色增长组织、泛美开发银行、世界资源研究所、现代汽车、麦肯锡咨询公司、三星、西门子等。2016 年，该论坛宣布启用新的《食物损失和浪费的核算及报告标准》，以应对日益严峻的食物损失和浪费现象。一个新的用于计算食物损失和浪费的国际标准现已达成。落实新标准将减少消费者和食品工业的经济损失，减轻对自然资源的压力，有助于实现 2030 年可持续发展目标。

全球绿色增长论坛的特色是通过公私部门之间的伙伴关系，共同找出办法并推动这些办法的实施，从而在跨国界和跨部门的层面来改变所谓的游戏规则。具体来讲，该论坛为参与者提供：①同政治经济领导人和专家直接的，但是非正式的接触机会，以便寻求政策和绿色商业方面的机会；②同新兴的及现有的伙伴关系开展合作的机会，以便在产业、部门和市场的绿色转型方面达到一定的规模和速度；③在发展并推动公私合作方面的先进知识及从同行那里得到的启发；④在关于绿色转型如何促进新的经济增长和就业方面有更清晰的认识。

3. 绿色经济与可持续发展目标

"里约+20"给绿色经济的定位是"实现可持续发展的一个主要工具"。"里约+20"还有个极重要的成果，那就是各国政府考虑到千年发展目标在 2015 年到期，因此需要有一套新的目标来引导 2015 年之后的全球发展。2015 年 9 月 25 日，联合国可持续发展峰会在纽约总部召开，正式通过联合国可持续发展目标（SDGs）来指导 2015—2030 年的全球发展。

那么绿色经济与可持续发展目标之间有什么关系呢？如果"里约+20"给绿色经济的定位是实现可持续发展的一种工具，那么绿色经济就应该以适合各国国情的可持续发展目标为导向，通过调整总需求这么一个独特的切入点，来促进社会、经济和环境三方面的良性互动，尤其是要化环境制约为可持续发展的新机遇。具体来说，今后一个国家如果要开展绿色经济方面的工作，就可以把适合其可持续发展的目标作为起点，然后考察运用哪些政策来调整总投资、总消费和政府开支，来有效、公平、环保地实现这些目标。在此过程中，应该优先考虑选取的是那些可以在实现可持续发展目标方面一举多得的政策。

举例来说，如果一个低收入国家的优先目标主要包括减贫和减少饥饿，那么或许应该重视对森林、水资源、土壤保护和农业科技方面的投资（这些投资本身可以创造就业和收入），而不应单纯依靠毁林来扩大耕地面积。前者除了有助于实现减贫和减少饥饿目标，还可有利于其他的目标如对生物多样性的保护。

二、绿色经济模式的特征厘定与原则分析

（一）绿色经济模式的特征厘定

绿色经济这一发展模式具有可持续性、三大效益（经济效益、社会效益和生态效益）的现实统一性和动态性的特征。

第一，绿色经济发展模式具有可持续性的特征。物质资料的生产过程并不是创造物质的过程，只是改变了物质存在形式和过程，生产过程需要耗费自然资源，但自然资源是有限的。如果不加限制地滥用自然资源，就会导致资源的枯竭和环境的恶化，从而影响经济发展。绿色经济不同于传统经济模式，是以资源的节约、环境的改善及经济与资源、环境的协调发展为核心的，是一种可持续的发展经济模式。

第二，绿色经济发展模式具有三大效益统一性的特征。绿色经济作为一种经济发展模式，追求经济效益是理所当然的，这一点同其他的经济发展模式没有多大区别。区别在于，这个政府是以什么样的代价来获得经济效益的，是追求单一的经济效益，还是同时追求社会、生态效益。绿色经济追求的经济效益并不是以牺牲资源、环境为代价，而是以资源的节约和环境的改善为基本条件，因此，绿色经济所追求的是以社会效益、生态效益为基础的经济效益，是以三种效益内在统一性为内容的。

第三，绿色经济发展模式还具有动态性的特征。一方面，随着社会的发展和进步，人们对生活质量的要求不断提高，对环境的需求日益强烈，对环境质量的要求也越来越高；另一方面，科技的进步和人们治理与改善环境问题手段的不断改进，不断推动绿色经济的内容更新与发展，在这样的过程中，绿色经济以其量的不断积累，从而积聚到质的提升，逐渐向可持续发展的目标靠近。

（二）绿色经济模式的原则分析

绿色经济实质上是一种生态经济可持续发展模式，换言之，它是可持续经济

发展模式。现代经济发展的实践表明，任何可持续发展经济问题都涉及人口、科技、文化、教育、政治、制度、伦理、心理、资源、环境等领域。因此，在研究创建绿色经济发展模式的过程中，需要明晰绿色经济发展的基本原则，为构建绿色经济发展模式提供理论基础。绿色经济发展模式的本质特征是建立在生态良性循环基础上的生态经济协调可持续发展。

经济社会有机、整体、全面、和谐、协调、可持续发展即绿色发展的原则，主要有生态发展优先原则、公平性原则、共同性原则、协调性原则和绩效性原则。

1. 生态发展优先原则

马克思多次声明自己的唯物主义立场，完全承认和坚持自然界对人类优先地位的不可动摇性，明确提出了"外部自然界的优先地位"。马克思主义关于自然界对人类及人类社会优先地位的科学论断，从根本上确定了自然界是人类及人类社会存在的根源性基础。按照马克思将自然作为全部存在的基础与最广义的物质世界来理解，自然界当然是最先的、最基础的存在。因此，就自然与人的关系来看，自然界无疑是人的存在及其一切实践活动的基础与前提。

自然界对人类的优先地位既表现在自然界对人及其意识的先在性上，也表现在人的生存对自然界本质的依赖性上，更突出地表现在人对自然界及其物质的固有规律性的遵循上。而人的目的的每一次实现恰恰都是人遵从了自然及其规律。因此，生态应该也必须优先发展，这是生态发展在人类实践活动中享有优先权的一种内在的、本质的必然趋势和客观过程，是不以人们意志为转移的客观规律。所以，我们完全可以说，生态优先规律不仅是世界系统运行的基本规律，而且是人类处理与自然关系的至高法则。

因此，现代人类社会活动就应该首先遵循生态优先规律。

生态发展优先，追求的是人类实践活动及人类经济社会发展不能超越自然界生态环境的承载能力，保护世界系统运行的生态合理性。生态发展优先原则，就是生态经济学强调的"生态合理性优先"原则，包括生态规律优先、生态资本优先和生态效益优先基本原则。生态发展优先原则，是生态经济社会有机整体和谐协调的重要法则。

生态兴则文明兴，生态衰则文明衰。良好的生态环境是人类文明形成和发展的基础和条件。人类文明要想继续向前推进持续发展，就必须正确认识人与自然的关系，解决好人与自然的矛盾和冲突，并将其置于文明根基的重要地位。在人类文明进程中，什么时候生态被牺牲掉了，生态危机也就出现了。生态危机是人类文明的最大威胁。想要走出生态危机困局，就必须排除经济发展遭遇的阻碍，寻找一条新的发展道路，而这条道路，正是生态文明建设。只有大力推进生态文明建设，不断满足人民群众对生态环境质量的需求，不断夯实经济社会发展的生态基础，才能实现真正意义上的全面发展。

良好的生态环境本身就是生产力，就是发展后劲，就是核心竞争力。蓝天白云、绿水青山是民生之基、民生所向。环境就是民生，青山就是美丽，蓝天就是幸福。我们要像保护眼睛一样保护生态环境，像对待生命一样对待生态环境。

保护生态环境就是保护民生，改善生态环境就是改善民生。良好生态环境是公平的公共资源，是普惠的民生福祉。如果说发展经济需要大干快上的"有为"，改善生态则需要彻底转变观念，生态环境内容将是中国未来发展的重要构成。

建设生态文明就是发展生产力。只有夯实生态文明的基石，保护好环境，才能解决生产力可持续发展中处于关键地位的资源要素问题，通过以循环经济的驱动力来打破制约经济社会发展的"瓶颈"。同时，绿色的生产生活方式也能够有效帮助解决产业结构转型升级问题。推进生态建设，既是经济发展方式的转变，又是思想观念的一场深刻变革。山清水秀但贫穷落后不是我们的目标，生活富裕但环境退化也不是我们的目标，只有蓝天白云、青山绿水，才是长远发展的最大本钱。所以，我们必须牢固树立保护生态环境就是保护生产力、改善生态环境就是发展生产力的理念，牢固树立"绿水青山就是金山银山"的生态理念，更加自觉地推动绿色发展循环发展、低碳发展，构建与生态文明相适应的发展方式。这是先导，也是生态文明建设的本质要求。

因此，我们必须遵循生态优先理念，自觉协调经济活动与生态环境发展的关系，把保持生态系统良性循环放在现代经济社会发展的首要地位。一切都应该围绕"生态优先"和改善生态环境而发展，使经济发展建立在生态环境资源的承载力所允许的基础之上。

2. 公平性原则

公平是反映人与人之间相互关系的概念，它包括每个社会成员的人身平等、地位平等、权利平等、机会均等、分配公平。其中，权利平等又包括生存权、发展权等。从社会的角度来看，公平意味着在提高低收入者生活水平的同时也要抑制富人的消费；从生态文明的角度来看，公平意味着不同人群平等参与环境资源开发和保护的决策及行动。公平强调过程和结果的合理性，公正则强调制度、措施的正义性，是对政府决策的监督和约束。在可持续发展经济理论中的公平也包括上述两层含义，并强调人类需求和合理欲望的满足是发展的主要目标。同时，在对待人类需求、供给、交换、分配过程中的许多不公平因素时，可持续发展经济的公平原则归根到底就是人类在分配资源和占有财富上的"时空公平"，人们对这一生存空间中的自然资源和社会财富拥有同等享用权，人们应该拥有同等的生存权。可持续发展中的公平性原则突出体现在国家范围之内同代人的公平、发达国家与不发达国家间的公平、代际的公平三方面。可持续发展要求社会从两方面满足人们的需要，一是提高市场潜力，二是确保每个人都有平等的机会。

可持续发展是一种机会、利益均等的发展。它既包括同代内区际的均衡发展，即一个地区的发展不应以损害其他地区的发展为代价，也包括代际的均衡发展，即既满足当代人的需要，又不损害后代人的发展能力。从生态文明角度讲，代内的公平正义应该是指同时代的所有人对于开发、利用和保护环境资源享有平等的权利和义务，主要体现为国际公平正义和国内公平正义两方面。当前，全球性的生态环境危机正威胁着人类的生存和发展，要想解决这一全球性的问题，仅凭一己之力是行不通的，这需要世界各国的通力合作。然而，由于代内之间的权利和责任不对等，致使各国之间、各地区之间分工不明、协作不力、沟通不畅，无法达到和实现全球的可持续、可协调发展。代际公平强调当代人与后代人在生态资源的利用上要实现动态的平衡。合理的状态应该是对自然资源的使用既满足当代人生存发展的需要，又不会对子孙后代生存与发展构成威胁，同时也为子孙后代留下可供利用的生态资源和发展条件。归根到底是人类在分配资源和占有财富上的"时空公平"，即自然资源如何在不同世代之间的合理配置。种际公平强调人类与大自然之间应该保持一种适度的开发与保护关系，既不能为了人类的利益破坏大自然的生态环境，也不能为了保护自然生态环境而罔顾人类的生存与发展，人与自然环境之间要构建一种共生共荣、相互协调、相互包容的关系，在能量和物质交换上达到动态平衡，使人类社会能够可持续发展下去。种际公平要求人类敬畏生命，尊重其他物种生存的权利，其基本要求就是保持生物多样性，保护濒危动植物，寻求人与自然的和谐。

然而，当每个社会、每个国家为了其生存和发展制订计划时，很少考虑其行为对其他国家的影响；当代人在发展过程中对地球资源的消耗，很少考虑对后代人的影响。按照现在有些国家消耗地球上资源的速度，留给人类后代的资源将所剩无几。因此，《我们共同的未来》呼吁，要给各国、各地区的人，世世代代的人以平等的发展权。

3. 共同性原则

绿色发展是通过超越文化与历史障碍来看待发展问题的。保护环境、稳定世界人口、缩小贫富差距和消除贫困，这些问题已成为全球可持续发展工作的重心。不同国家、不同社会阶层背负着相同的责任，面临着同样的命运，将这一共识扩大到国际层面，以便尽量确保世界各地可持续发展。虽然各国国情不同，可持续发展的具体模式也会不同，但不约而同地有着共同的利益，那就是在整个世界范围内的人类经济社会的可持续发展。因而，实现可持续发展是地球人类的共同责任。

在现实世界中，资源耗竭和环境压力等许多问题产生于经济和政治权利的不平等。生态系统的相互作用不会尊重个体所有制和政治管理权的界限。传统的社会制度承认这种相互依赖的某些方面，并使社区行使对农业方式及对涉及水、森林和土地的控制。虽然这种控制可能限制技术革新的接受和推广，但其对"共同利益"的控制并不一定妨碍"共同利益"增长和发展。全球性繁荣未必受到日渐减少的自然资源的限制。只要加强国际合作，在全球范围内实现共同的目标、共同的利益就是可以做到的。因此，无论是发达国家还是发展中国家，公平性原则和共同性原则都是共同的，各个国家要想实现可持续发展，就需要适当调整其国内和国际政策，正如在《我们共同的未来》前言中所述，"人们的福利是所有的环境政策和发展政策的最终目标"。只有全人类共同努力，才能将人类的局部利益和整体利益结合起来，才能实现可持续发展的总体目标。

共同性原则反映了世界各国既要致力于达成尊重所有各方的利益，又要保护全球环境与发展体系的国际协定，认识到我们的家园——地球的整体性和相互依存性。

4. 协调性原则

绿色发展系统是由可持续发展生态系统、绿色发展经济系统和绿色发展社会系统组成的，是由人口、资源、环境、经济、社会等要素组成的协同系统。各个子系统之间彼此相互联系、相互制约，共同组成一个整体。当某一个系统临近生态极限时，不平等问题就会变得更加尖锐。因此，绿色发展的关键就是要使经济社会发展与资源利用和环境保护相适应，协调经济社会发展与人口、资源、环境之间的关系。为了实现这一目标，需要人类通过不断理性化的行为和规范，协调人类社会经济行为与自然生态的关系，协调经济发展与环境的关系，协调人类的持久生存与资源长期利用的关系，做到经济发展与生态保护的和谐统一，做到经济发展对自然资源的需求和供给能力的和谐统一。

协调性原则实际上就是以绿色发展功能优化要求遵循的关系为原则，即绿色发展系统内在关系的协调，包括人地关系的协调、区际（代内）关系的协调、代际关系的协调；在现实经济活动中，人们通常说的生态恶化和环境污染主要是人地关系不协调，资源禀赋不同导致的贫富分化与地区冲突主要是区际（代内）关系不协调，滥用、浪费从后代那里借用的自然资源和环境资本，主要是指代际关系不协调。贫穷、不公正、环境退化和冲突都是绿色发展的大敌，是不能持续发展的原因。绿色发展旨在促进人类之间及人与自然之间的和谐，贯彻绿色发展的共同主题需要政府在决策过程中必须将经济和生态结合起来考虑。贫穷、环境退化、冲突等这些不协调问题必须在协调性原则下加以解决。

5. 绩效性原则

由于地球生态系统承载力有限，不可能承受人类对资源能源无限和无节制的开发利用，以及由此而产生的污染排放的无限增长，因此，我们必须削减人类活动对资源或环境的影响。

在传统经济发展模式下，世界各国的经济增长是以牺牲生态环境为代价的。自然生态系统与经济发展不相适应，就会加剧人类生存与生态环境之间的矛盾，就会制约整个社会的发展。如果试图通过降低经济增长率来缓解经济发展与人类生存的生态环境之间的矛盾，或减少对环境的影响是不现实的。绿色增长就要在追求经济增长的同时，不仅不能增加其对环境的影响，而且要将其对环境的影响削减至一定的限度内，或者实现经济增长与其对环境的影响之间的脱钩。要想在追求经济增长的同时降低其对环境的影响，并能协调经济增长与环境可持续性之间的关系，就必须依靠技术创新和提高生态效率或资源环境绩效。绿色发展的核心是提高生态效率或资源环境绩效，而提高资源环境绩效又有赖于绿色创新。

绿色创新或可持续创新作为创新与可持续发展的重要结合点，目前尚未有统一的定义。如果从微观和宏观层面来理解，那么微观层面的绿色创新通常是指企业在一个相当长的时间内，持续不断地推出、实施旨在节能、降耗、减排、改善环境质量的绿色创新项目，并不断实现创新经济效益的过程。而在宏观层面上，绿色创新则指人类社会关注环境—经济—社会协调发展并使之得以实现的创新性活动。绿色创新的本质可能是技术的、组织的、社会的和制度的。因为资源环境绩效更多地受到技术、结构、制度的影响，所以围绕资源环境绩效提高的绿色创新就必然涉及技术创新、结构创新和制度创新。提升资源环境绩效可能有三种路径：一是在短期内，通过研究和创新对已有的方法和途径进行微调以满足需求；二是在中期内（5~20年），依靠研究和创新对更多的产品和过程进行综合技术改造或重组；三是设计形成一种全新的系统方案，采用与现有模式完全不同的一套技术、制度和社会安排。通过前两种路径来提升资源环境绩效的范围有限，第三种路径暗含着发展方向的改变并且创造了一种新的模式，该途径可对应可持续性创新。

三、绿色经济模式与传统经济模式的区别

（一）自然观不同

绿色经济与传统经济模式的自然观存在着根本性区别，特别是在对人类和自然与环境关系的认识上，集中体现在对生产力这一基本经济概念的内涵的理解上。传统经济模式中的生产力就是一般教科书上所定义的"是人类征服自然的能力"。而绿色经济模式中的生产力，是以人类与自然和谐共处为基础的共同发展的能力。因为绿色经济将有利于环境改善和资源节约作为经济发展的必要内容，这也就把人与自然的关系纳入了经济学的研究范围，把人们的经济活动置于人类生态系统中，把经济系统作为人类生态系统的子系统来看待。作为子系统，它受

大系统的制约，必须与大系统的其他子系统保持和谐的关系，与自然生态系统保持协调的关系。人类的经济活动离不开自然生态系统，一方面是生产必须从自然界汲取各种原料进行加工，另一方面是生产过程及生活的排泄物又必须回到自然界中去。正是在这种生生不息的循环中，形成了人类生态系统的能量流。这种能量的流动有它的规律性，如果人类违背了这一规律，不加节制地从自然界索取，或过量地把排泄物返还给自然界，就将造成资源匮乏、环境恶化等严重后果。虽然破坏人类生态系统内在联系的直接受害者是自然，但最终会影响人类自身的生产和生活的环境。人类自身不能离开自然而存在，社会经济活动也不能离开自然而孤立地发展，人类可以且只有在与自然的和谐共处中才能得到发展。协调就是发展，协调才能发展。

（二）对增长源泉的认识不同

绿色经济模式与传统经济模式的区别还表现在其对增长源泉的不同认识上。虽然能量守恒规律是社会经济发展的基本规律，任何社会生产都需要有生产投入，投入是产出的前提，但在不同的经济模式中，生产投入的内涵是会有不同的。在传统经济模式中只有资本品才算生产投入，也就是说投入了从市场上购买来的生产资料和人力，才算是生产投入。除此以外，进入生产过程的其他公共资源，包括自然物质和环境，都不是生产投入，因为生产者并没有为这些资源支付成本。那些存在于自然界，可用于人类社会活动的自然物质或人造自然物资，主要包括自然资源总量、环境自净能力、生态潜力、环境质量、生态系统整体效用等内容，对于社会与经济的可持续发展来说是至关重要的。它们是社会经济发展的必不可少的要素，应该都是生产的要素，是经济增长的源泉。无视生态资本的存在，如果不把生态资本当作生产要素，就会使社会和经济遭到严重的伤害。

而绿色经济就是将对自然资源的节约和环境的改善作为经济发展的必要内容，这就将那些非资本品的自然资源和生态环境也纳入经济发展的"资本"范围内。在不增加投入的情况下增加了产出，就是"生产"了；同样，在取得同量的产出时，减少了投入也是"生产"了；减少了资本品的投入是"生产"了，减少了非资本品的自然资源与生态环境的投入也是"生产"了。与传统经济模式明显不同，在绿色经济范围中，资本品（物质资本）和自然生态资本都被作为经济发展的重要源泉而纳入生产资本的核算范围内。

（三）评价指标不同

绿色经济的评价指标与传统经济模式相比也有所差别。传统经济模式既然以资本品为生产要素，那么对其微观经济的最主要的评价指标就必然是资本投资效率，而对个别资本总和——社会总资本而言，宏观经济的评价指标也主要是国内生产总值（Gross Domestic Product，GDP）或国民生产总值（Gross National Product，GNP）、总量规模及增长速度等。至于这个总量和规模耗费了多少非资本品，则不加计量和评价。绿色经济则不同，它更关注自然与环境持续发展的需要，强调的是有利于自然环境的经济发展，因而它需要的是一整套全新的评价指标。绿色经济把自然资源与环境纳入经济发展的考核指标内，对于生产过程中消耗的资源、生产过程对环境的影响等状况都进行考核和评价。目前，国际组织和一些国家已经开始实行"绿色账户"，把自然资本也纳入国民经济的核算体系中。特别是在联合国环境与发展大会后，越来越多的人认为，自然资本将成为测度一个国家国力的最重要指标之一。当然，"绿色账户"的全面实施和推广尚须假以时日，而绿色经济的推广与发展则可以从现在做起，将对自然资源的节约及环境的改善纳入微观经济的考核指标中，为今后逐步实施"绿色账户""绿色会计"打下坚实的思想和方法基础。

（四）"人"的假设不同

绿色经济模式的"人"和传统经济模式中的"人"也有不同。传统经济模式中的"人"是"经济人"，把追求经济利益最大化作为其行为的唯一目标。但绿色经济中的"人"则是现代的社会人、自然人，是饱受了环境灾害苦难的个人，是增强了生态意识的个人。同经济人追求经济利益最大化的目标一样，社会人和自然人在追求直接经济利益的同时，也追求社会发展与生态环境质量改善的目标。而且，自工业化以来严重的生态环境灾难使现代人逐渐认识到，人类只有与自然和谐相处，经济与自然资源环境只有协调发展，才能取得长远的整体的经济利益的最大化。

实际上，传统经济模式中的"人"与绿色经济模式中的"人"的区别，反映的是经济学中的有关"人"的理论假定的历史性变化。古典经济学中的"经济人"是追求个人利益最大化的个人；在社会主义政治经济学中则是以"政治人"来取代"经济人"，否定了经济利益原则，并以此为基础建立了不讲经济核算和经济效益、吃"大锅饭"的经济体制。

在绿色经济模式中，传统经济学中的"经济人"的假定需要由社会人和自然人来补充。因为绿色经济是把经济活动和经济系统置于人类的生态系统中，并且是以自然生态系统为基础的。在这样的系统中，人不仅是经济人，而且是社会人和自然人。完整意义上说，人是自然人、经济人和社会人的统一。尤其是不能忘记人首先是自然人，作为自然人，他只是自然生态系统中的一个单元，他的一切活动都不能破坏他所在的系统的结构和功能，破坏了他所在的系统，就是毁了他自己。而作为社会人，他是这一系统中唯一具有思维能力的主体，是系统中唯一有主观意识的生态单元。因此，人是唯一有能力对这一系统、对自然负责的主体，是一个有能力用自己的行为去影响自然环境，并能起积极主动和主导作用的主体。人类可以用自己的有意识的行为来引导自然生态系统向好的方向发展，也可以引导其向坏的方向发展。可见，人类对他们的生活及活动在其中的人类生态系统、对自然界负有不可推卸的责任。绿色经济模式就是人类能够引导自然环境向好的方向发展的现实模式。

四、绿色经济模式及其本质分析

现行的工业文明发展模式使自然生态系统濒临崩溃，生态资本迅速减少，严重制约了经济发展。世界各国政府纷纷实施绿色新政，创新绿色发展，使生产方式和消费方式绿色化即生态化。因此，我们必须从工业文明的发展模式中来认识和把握生态文明的绿色发展道路和模式，确立生态文明的绿色发展模式是全球经济绿色创新转型的大趋势。

（一）世界主要国家"绿色新政"的绿色化及生态化

伴随着对传统工业化和城市化模式所存在问题的不断质疑，绿色理念的提出已经有60多年。这是人类对自身生产、生活方式的反省。但在当时，绿色理念主要集中在污染的末端治理方面。为了同时应对金融危机和经济危机，联合国环境规划署于 2008 年 10 月提出了"全球绿色新政"和发展"绿色经济"的倡议。2008 年 12 月，联合国秘书长潘基文在倡导发展"绿色经济"后，美国、欧盟、新兴工业化国家和"金砖五国"先后将新能源、新材料列入技术研发和经济发展驱动的核心环节，并在推动国民经济的同时实现经济快速复苏和经济结构调整的目标。世界主要经济体实行了不同的"绿色复苏"推进措施，通过重塑和重新关注重要部门的政策、投资和支出，使经济"绿色化"，在复苏经济、增加就业的同时，加速应对气候变化。

美国在经历了资源破坏、环境污染等一系列灾害及能源危机的重创后，特别是在经历 2008 年金融危机的打击后，确立了政府的"绿色新政"。美国"绿色新政"以新能源技术、新能源产业培育和新能源技术推广与应用为核心，全力推动经济增长方式的转变和新经济模式的构建。根据"绿色新政"计划，美国政府将给予新能源技术研发、应用与推广以巨额资金的支持。

英国的"绿色新政"主要体现在绿色能源、绿色生活方式和绿色制造三方面。按照英国政府的绿色发展计划，在能源方面，大力发展核电、风能、潮汐能等可再生能源。

日本环境省于 2009 年 4 月公布了《绿色革命与社会变革》的政策草案，主要包括四方面的内容：一是太阳能利用的规模达到世界第一；二是在世界上最早实现普及环保汽车；三是推进低碳交通革命，开发出电池式节能路面电车使用技术，开发出减排 30% 的高效率船舶技术，开发出超导磁悬浮使用技术；四是实现资源大国目标。这份政策草案的目的是通过实行削减温室气体排放等措施，强化日本"绿色经济"，提升日本绿色市场规模，增加就业岗位。

从 21 世纪开始，中国就进入了一个新的发展阶段。中国政府首创以人为本、全面协调可持续的科学发展观，倡导绿色发展。"十四五"期间是我国实现碳排放达峰的关键期。对此，《石油和化学工业"十四五"发展指南》指出，行业要加强对碳中和路径的研究，从战略层面重视碳管理，摸清家底，做好碳排放计量统计，加快参与全国碳排放权交易市场建设；从短期、中期、长期三个层次确立碳中和技术及业务发展重点，为行业碳排放尽早达峰和实现碳中和储备相关技术并开展应用示范。2021 年，在《石油和化学工业"十四五"发展指南》中，明确了今后 5 年行业绿色发展的目标，即要加快实施绿色可持续发展战略，提升行业绿色、低碳和循环经济发展水平。到 2025 年，万元增加值能源消耗、二氧化碳排放量、用水量分别比"十三五"降低 10%；重点行业挥发性有机物排放量下降 30%，固体废物综合利用率达到 80% 以上，危险废物安全处置率达到 100%；本质安全度大幅提升，重特大安全生产事故得到有效遏制，并从降低资源能源消耗，深化绿色制造体系建设，落实污染防治行动计划，深入实施责任关怀等五个方面做了详细具体的部署。

各国推出的"绿色新政"都是基于各国的国情。尽管各国在发展绿色经济时起始的领域、实现的手段和途径、政策措施等都有所不同，但其本质、目标、趋势是相同的，都正在加强对绿色经济的引导和扶持，主动推动投资转向"绿色经济"领域。从各国"绿色新政计划"及执行过程来看，都融入了绿色经济的理念、措施和行动。绿色经济或绿色发展的讨论都是针对可持续发展的不同侧面或是特定时期的任务而展开的，其核心目的都是为突破资源环境承载力的制约，谋求经济增长与资源环境消耗的脱钩，实现经济发展与环境保护的双赢。绿色经济发展是以促进经济活动的全面"绿色化""生态化"为重点内容，以绿色投资为核心，以培养绿色产业为新的经济增长点。绿色经济能够使生态与经济从分离走向有机结合与协调发展，能够不断增加生态资本，力争以更多地依靠生态持续性来取得经济持续性发展，把人类社会的经济活动引入追求经济、社会、生态三大系统、三大目标、三大效益的有机结合上来。因此，我们可以说，绿色经济是生态经济可持续发展的最佳模式，这种全新的现代经济发展模式是实现人们的经济活动从高消耗、高污染、高生态足迹的非持续发展经济到低消耗、低污染、低生态足迹的可持续发展经济的根本转变，使经济发展建立在生态良性循环的基础上，成为绿色经济发展模式的生态本质特征。

（二）确立生态文明的绿色经济发展模式是全球经济绿色创新转型的大趋势

从人类社会经济发展的过程来看，一种要素或资源在经济发展中的重要性，并不完全取决于它在生产过程中的实际作用。自然资源和生态环境历来都是人类生存和发展的基础，尤其是在农业经济时代其作用更是重要。但是，在农业经济时代，经济发展和产业规模对生态环境和自然资源的影响不大。传统环境经济学的资源观认为，自然资源的供给与生态环境接受废物的能力是无限的，自然资源和生态环境不是制约经济发展的稀缺要素，而经济发展相对稀缺的是土地和劳动力。到了工业经济时代，影响经济发展的稀缺要素是物质资本、劳动力和科学技术，而自然资源和生态环境与经济发展的矛盾还未引起人类足够的重视。但是，当经济规模增长到对自然资源的供给和生态环境接纳废物的能力已经明显匮乏的时候，自然资源和生态环境便成为经济发展的稀缺要素，物质资本快速被消耗并逐渐短缺，自然资源和生态环境成为经济发展的重要内生变量和刚性约束条件。只有在人类进入生态文明时代之后，才充分认识到生态环境对现代经济增长的内在决定性作用。人类更加发挥聪明智慧来突破有限的资源环境承载力的制约，谋求经济增长与资源环境消耗的脱钩，实现经济发展与环境保护的双赢，实现人与自然的共赢。

世界各国纷纷追捧绿色经济，一个重要基础就是对过去传统经济发展模式的反思。各国的"绿色新政"长期目标就是逐渐将当前高能耗、高排放的经济发展模式，转变为低能耗、低排放的绿色发展模式。发展绿色经济，短期内可以迅速拉动就业、复苏经济，还能有效调整经济结构，理顺资源环境与经济发展的关系；长期内更有利于经济可持续发展，实现真正意义上的协调、和谐、可持续发展。绿色经济发展本身作为一种新的发展模式，是对传统经济发展模式的变革或创新，在中国语境下，就是万众创新。这种创新往往是全方位的。绿色经济发展需要绿色创新，这是一个人类最大规模的集体创新。国家是全社会绿色创新的引领者，地方成为绿色创新的实践者，企业成为绿色创新的主体，人民是绿色创新的强大动力。绿色创新，主要是指人类社会关注生态—经济—社会协调发展并使之得以实现的创新活动。绿色技术和绿色技术创新能够节约资源、能源，避免、消除或减少环境污染和破坏。节约资源是保护生态环境的根本之策。依靠技术进步与生产方式的改变，使经济发展与资源消耗、污染排放脱钩，使经济在自然生态系统的安全阈值内发展，使人与自然的矛盾冲突趋于缓和，逐渐实现人与自然和谐相处的境界。研究表明，随着科学技术的发展，人类干预和改造自然的能力在时间、空间、规模和强度上都得到延伸和强化，绿色技术的发展有助于提升自然系统中的资源利用效率与环境治理能力。人类通过绿色创新实践活动主动亲近自然，缩小与自然的差距，人类在正确处理经济发展与环境保护中主动反哺自然，从而最终实现人与自然共生共荣。

绿色经济发展是全球经济绿色转型的方向、道路与未来前景，并已经成为决定一个国家发展前景的战略问题。因此，各国都将把绿色经济作为新的增长引擎，谋求确立一种经济社会与自然生态环境协调发展的稳定增长模式。建设生态文明和发展绿色经济是实现社会经济可持续发展的迫切要求，它已成为人们的自觉行动，极大地改变着人们的生产模式和消费模式，把人类的生存与发展带入一个新时期。

第六章 绿色发展的社会主义政治经济学的发展目的

第一节　绿色环境惠民

环境（Environment）总是相对于某一特定的中心事物而言的。环境因特定的中心事物的不同而不同，随特定的中心事物的变化而变化。围绕特定的中心事物的外部空间、条件和状况，构成特定的中心事物的环境。例如，居室环境就是相对于居住在房子里的人而言的。因此，具体事务不同，与具体事物相联系的环境的含义也不同。由于具体事物是多种多样的，环境的内涵也就随着具体事物的不同呈现出多种不同的含义。党性和人民性从来都是一致的、统一的。坚持党性，核心就是坚持正确政治方向，站稳政治立场，坚定宣传党的理论和路线方针政策，坚定宣传中央重大工作部署，坚定宣传中央关于形势的重大分析判断，坚决同党中央保持高度一致，坚决维护中央权威。所有宣传思想部门和单位，所有宣传思想战线上的党员、干部都要旗帜鲜明坚持党性原则。坚持人民性，就是要把实现好、维护好、发展好最广大人民根本利益作为出发点和落脚点，坚持以民为本、以人为本。在我国，中国共产党领导中国人民建设美丽中国，为实现中国梦而奋斗，而美丽中国是人民群众的美丽中国，中国梦是中国人民的中国梦，是中华民族的中国梦；因此，在我国环境惠民的环境是中国人民的生活环境，是中国共产党领导中国人民实现中国梦的环境，是属于中国人民的美丽中国的环境；它是以中国共产党领导下的中国人民为中心的环境。《中华人民共和国环境保护法》中把环境定义为"影响人类生存和发展的各种天然的和经过人工改造的自然因素的总体，包括大气、水、海洋、土地、矿藏、森林、草原、湿地、野生生物、自然遗迹、人文遗迹、自然保护区、风景名胜区、城市和乡村等"，与绿色环境惠民所讲的环境要求是一致的。绿色环境惠民实质上就是美丽中国的环境惠民，其环境的中心事务就是中国共产党领导下的中国人民。

马克思在《1857—1858 年经济学手稿》中把对社会形态发展阶段概括为：人的依赖关系（起初完全是自然发生的），是最初的社会形态，在这种形态下，人的生产能力只是在狭窄的范围内和孤立的地点上发展着。以物的依赖性为基础的人的独立性，是第二大形态，在这种形态下，才形成普遍的社会物质变换，全面的关系，多方面的需求及全面的能力的体系。建立在个人全面发展和他们共同的社会生产能力成为他们的社会财富这一基础上的自由个性，是第三个阶段。第二个阶段为第三个阶段创造条件。马克思的"三社会形态说"是从生产力发展水平的角度分析社会形态的演进，是着眼于人与自然关系变化分析社会历史的发展，是基于人的生产能力与人对社会环境的控制程度的变化阐述人类社会的变迁。生产力是决定性因素，它决定着生产方式，决定着与生产方式相适应的生产关系和交换关系。生产力水平的高低决定着生产社会化程度，从而不同的生产力水平对应着一个特定历史时期的生产方式，以及同其相适应的生产关系和交换关系。在特定的历史条件下生产力水平是一定的并且对应于这个历史阶段来说是相对稳定的、保持不变的，从而由其决定的个人自由、个性的发展程度也相对稳定并且组成了社会历史进程的相对静态的阶段。就中国人民生产生活的生态环境的演进而言，也必须从生产力的角度进行分析才是合理的，对应于马克思的三大社会形态理论，中国人民生产生活的生态环境的演进也分为相应的三个阶段。正如习近平总书记对"两座山"的论述，他指出：这"两座山"之间是有矛盾的，但又可以辩证统一。可以说，在实践中对这"两座山"之间关系的认识经过了三个阶段。第一个阶段是用绿水青山去换金山银山，不考虑或者很少考虑环境的承载能力，一味索取资源。第二个阶段是既要金山银山，但是也要保住绿水青山，这时候经济发展和资源匮乏、环境恶化之间的矛盾开始凸显出来，人们意识到环境是我们生存发展的根本，只有"留得青山在"，才能"不怕没柴烧"。第三个阶段是认识到绿水青山可以源源不断地带来金山银山，绿水青山本身就是金山银山，我们种的常青树就是摇钱树，生态优势变成经济优势，形成了一种浑然一体、和谐统一的关系。这一阶段是一种更高的境界，体现了科学发展观的要求，体现了发展循环经济、建设资源节约型和环境友好型社会的理念。

习近平总书记所指的第一个阶段，"用绿水青山去换金山银山，不考虑或者很少考虑环境的承载能力，一味索取资源"的阶段，实质上就是马克思所讲"人的依赖关系"的生产方式。伴随着人类文明的演进，人类居住的环境不断发生变化。在生产力落后的时代，环境变化主要是由自然界自身的因素引起的；随着生产力的发展，自然界逐渐被人化，成为人化的自然界，环境变迁的人为因素逐渐增加。可以说，环境变迁是一个复杂的过程，一方面，它的发展要受到多种因素的影响；另一方面，它也会对国家、社会与人类的发展产生广泛而深远的影响。

在人的依赖关系的历史阶段，人与自然的关系是狭隘的，也就是人对自然界的适应能力是狭隘的，人从自然界获得可利用资源并生产用于满足需要产品的能力是有局限性的，这就决定了人与人之间的关系同样是狭隘的，表现为人对人被动的直接依赖。由于生产力水平较低，人们的生产劳动主要是从事必要劳动，即从事人的再生产的劳动，但是毕竟有了可用于交换的剩余产品，尽管这个产品的数量很少。剩余产品的出现就为等级制度的产生提供了物质基础，就为强盗的掠夺提供了客观前提。当流动的强盗固定在一定范围区域并制定剥夺域内居民剩余产品的制度以后，或者当一个族群拥戴一个领袖并建立保护自己族群的有效机制之后，国家就产生了。国家的产生，使小农生产得以正常地进行，随着生产力的发展，剩余产品逐渐增加，小农除了用于缴纳苛捐杂税的产品之外，还有剩余产品时，商品交换就产生了。农民出售的仅仅是自己家庭的小部分剩余产品，产品的主要部分由他自己消费，因此他把其中的大部分不是看作交换价值，而是看作使用价值，即直接的生存资料。在相对的人的依赖关系历史阶段快要结束的时期，商品交换没有取得社会经济的统治地位，生产的目的不是用自己的劳动换取他人的产品，而只是用自己的劳动换取自然界的产物。商品经济不发达，小生产方式占据社会生产方式的主流，决定着相对的人的依赖关系历史阶段人的社会化程度相当低下。相对的人的依赖关系的历史阶段是自给自足的自然经济占主体的时代，经济只是为满足个人或地方市场的需要，而且各种物资也只是在地区市场内流通。人们不可以将这一时期想象成是一个自身静止的，并为人与自然之间稳定的和谐所充盈着的时代，属于这一时期的还有那些带有创伤性的最原始的经验——关于干旱与寒冷的经验，关于饥饿与干渴的经验，关于水患与森林火灾的经验。人类对自然环境的警觉更多地建立在以往不幸的经验而远非人类的原始直觉的基础上。饥荒一再使人们意识到食物空间的局限与脆弱。但是在任何情况下，同环境问题打交道都不只是某一个别行为领域内的事，而是构成生命的整体的一部分。

相对的人的依赖关系的历史阶段是最初的人类与自然界共生存的时代，这个时代人类利益的核心就是本区域内的环境利益，人类为了生存不断在自己的区域里创造有利于自我生存的环境，从而获取环境利益。这种情况一直持续到 19 世纪的到来，在此之前大多数人的生活及他们的生存更主要的还是建立在当地和自给自足的经济之上，人与环境之间保持着一种稳定的平衡关系，人从自然环境中获得环境利益，而从总体上看，自然环境的自净能力基本上满足着人对环境的破坏性的改造。在相对的人的依赖关系的历史阶段，从整体情况看，一个国家的人民为了生存必须获得环境利益，必须维持和巩固整个国家的存在与发展；由于物的短缺进而对环境利益的争夺，从小范围情况看，表现为等级制度形式的集体生产成为生产方式的主流，在等级制度下最底层的劳动者与等级制度高层人物处于被动的人身依附关系；由于环境利益维护的困难，以小家庭或个人为单位的生产始终存在，但不成为生产方式的主流。这种生产方式下的人身依附关系，与绝对的人的依赖关系的历史阶段的人与人关系有着本质的不同。绝对的人的依赖关系的历史阶段，人与人之间的依赖关系是自然形成的依赖关系；而相对的人的依赖关系的历史阶段的人身依附关系，是被动的依赖关系，是一种人为的具有强迫性的依赖关系。在相对的人的依赖关系的历史阶段是人通过人而占有物，这是一种超经济的强制，是一种被动的劳动形式，是劳动者缺乏劳动积极性的生产方式，是一种没有活力的生产关系。为此，它只是社会发展的特定历史阶段，随着生产力的发展，这个历史阶段会被充满活力的生产方式所替代，从社会形态来看也就是物的依赖关系历史阶段。

习近平总书记所指的第二个阶段，即"既要金山银山，但是也要保住绿水青山"的阶段，实质上是社会发展进入物的依赖关系历史阶段的人与自然的关系。社会发展进入物的依赖关系历史阶段，此阶段生产力在一定程度上获得了解放与发展。生产力的解放与发展，是人的本质力量的解放与发展，人的本质力量所能确证自然界的对象从内容到形式都发生了质的变化，人的本质力量的前进为人自身的解放开辟道路。在这个历史阶段工业文明是整个人类世界的主要生产方式。以近代人类中心主义为思想源泉的近代工业文明是一个依赖持续的经济增长而生存的社会。由于人口、技术和自然资源等多种因素相互作用，到目前为止经济增长还在持续进行，但来自自然资源的对经济增长的约束一定是存在的，即地球资源不可能无限地满足经济增长的需求；人类的认知能力是否存在极限还不可知，如果人类的认知能力存在极限，那么科学和技术发展就存在极限，经济增长所依赖的技术进步就有一个限度存在。

工业文明时代，人类把自然界作为征服的对象，"人类中心主义"成为处理人与自然关系的主导原则。随着生产力的进一步发展，人的本质力量因素终将确证地球的每一个角落，地球已经不再按照原有的活动周期规律运转，从气候变化到生物多样性锐减，从大气层臭氧空洞的形成到地表冰川的融化无不与人类生产活动息息相关。在工业文明时代，人与自然之间的关系主要表现为人与自然的冲突，这种冲突不仅是整个人类同地球的大环境的矛盾冲突，也表现为局部的环境与局部人类之间的冲突。然而，人类最大的利益就是人类的长期生存和健康发展，这个最大的利益也就是未来利益，在丰富的物的依赖性的历史阶段，人与自然之间的矛盾冲突已经影响到人类的最大利益。人类必须着眼于未来，必须着眼于未来利益，而当前所要做的事情就是要解决环境利益冲突的问题。当前人与自然之间的冲突得到了解决，人类的未来利益就能够实现。

习近平总书记所指的第三个阶段，即"认识到绿水青山可以源源不断地带来金山银山，绿水青山本身就是金山银山"的阶段，实质上就是马克思所讲"个人的全面发展和共同的社会生产能力成为社会财富"的阶段，亦即生态文明的时代，亦即从当代走向未来的中国梦的时代。这个时代的特点是人类已经认识到，并开始着手解决人与自然之间的冲突问题，在人与自然关系上寻求和谐相处，在人类的发展上致力于绿色发展，在人类文明建设上致力于生态文明的建设，在解决自然环境的矛盾冲突上努力探讨国际合作的有效途径。

经过人类近代文明的发展，人与自然的关系已经不同于农业文明与殖民主义最初时期的情况。矿物资源的利用，使得人类获得了巨大的动力和生产资料。近代科学技术的进步，促进新产业不断诞生，新材料、新产品在 19 世纪、20 世纪和 21 世纪层出不穷。地球上人工环境的比例越来越大，人类用自己的智慧，借助自然界的资源不断改变着自己的生存环境，从而获得巨大的环境利益。当历史的进程到达今天的时候，在 21 世纪，我们环顾自然环境的演化，回首自然界的变迁，不仅发现我们的生存环境已经损失了很多原有功能，而且这种损失已经到了危及人类生存的程度。当今世界，人们已经很难找到绝对的、没有人类痕迹的自然环境。从城市到农村，从田园到矿山，从工厂到游乐场，无处不是人工环境，可以说现代文明是建立在人工环境基础上的，离开了人工环境也就没有了现代人类文明。当今世界，人工环境丰富多彩，人们在人工环境中生存与发展，获得了来自人工环境的巨大的环境利益，而这种环境利益是以往任何时代都不曾有过的。人工环境隔离了毒蛇猛兽，屏障了洪水狂风，防避了严寒酷暑，阻隔了蚊蝇蚁虫等等。人工环境提供了便捷的交通、艺术的建筑、美丽的公园、亮丽的夜景等等。在人工环境中，人们不断创造物质和精神财富，不断进行生产劳动，使得人类生存空间风情万种，人类文明之树硕果累累。从人类文明诞生至今，可以说，当前的人工环境给人类带来的环境利益已经超越以往任何时代的环境利益，人类用自己的双手创造了比自然环境能够提供给人类的环境利益更多的环境利益。人类为了生活得更加美好而选择建造了城市，城市的建造使人类获得了巨大的环境利益；在获得环境利益的情况下，城市建设促进了工业化发展，使人类获得更多的经济利益；工业化的发展又进一步促进了城市的大发展，以获得更多的环境利益。城市的迅猛发展一方面通过人工的、有目的建设提供了巨大的便利，另一方面也给人类生存所依赖的长远的环境造成了巨大冲击。在生态文明的社会主义现代化建设中，发展是永恒的、绝对的，人与自然的特定的对立是相对的、暂时的。马克思主义自然观承认人与自然对立的存在，但对立分为普遍的对立和特定的对立：普遍的对立就是人与自然对立关系的本身，它是绝对的、永恒的，因为在历史进程中，人总是确定自己的主体性，总是发挥自己的能动性；人与自然特定的对立是在特定的历史条件下、在特定的生产力发展水平下所表现的人与自然的对立关系，它是相对的、暂时的。在特定的历史条件下，人与自然的对立可以表现为对自然界生态系统的破坏，使自然界不断承载人类活动所产生的废弃物。随着科学技术的进步，生产力的发展，人类认识能力的增强，人与自然特定的对立终将成为历史。正如习近平总书记指出：以上这三个阶段，是经济增长方式转变的过程，是发展观念不断进步的过程，也是人和自然关系不断调整、趋向和谐的过程。这"两座山"要作为一种发展理念、一种生态文化，体现到城乡、区域的协调发展中。

第二节　绿色科技惠民

进入 21 世纪以来，新一轮科技革命和产业变革正在孕育兴起，全球科技创新呈现出新的发展态势和特征。学科交叉融合加速，新兴学科不断涌现，前沿领域不断延伸，物质结构、宇宙演化、生命起源、意识本质等基础科学领域正在或有望取得重大突破性进展。信息技术、生物技术、新材料技术、新能源技术广泛渗透，带动几乎所有领域发生了以绿色、智能、泛在为特征的群体性技术革命。绿色科技是当代群体性技术革命的重要内容，它是惠及全人类的技术，是绿色惠民的重要组成部分。

绿色科技是保护人类健康和人类赖以生存的环境，促进经济与社会绿色发展为核心内容全部科技活动的总称。绿色科技涉及节能、环保及绿色能源等领域。高效、节能和环保的绿色科技产业是经济发展的驱动力之一，绿色科技将成为新一轮产业革命。

它包括：绿色产品，绿色制造工艺的设计和开发，环保新材料，新能源的发展，消费方式的改变，环保政策及法律、法规的研究，技术和管理理论等。绿色科技是绿色经济、环境保护和生态建设进一步发展的重要技术保障。绿色科技是绿色惠民的重要组成部分，它涉及绿色生产、绿色研发等诸多成分，许多成分需要在下面章节中详细解读，作为对绿色科技的整体解读，我们放在绿色惠民的章节之中，因为无论绿色科技内容与作用如何，其最终目的是惠民。绿色科技是科技，可以促进人类永续生存和绿色发展，这有利于人与自然共存的科技。它不仅包括硬件，诸如污染控制设备、生态监测仪器和清洁生产工艺等，还包括软件，如具体的运营模式和操作方法。绿色科技是一种新型的人与自然关系的载体，强调预防和控制环境污染、维护自然和生态环境的平衡。

绿色技术促使一种新型的人与自然关系的建立，强调预防和控制环境污染，维护自然和生态环境的平衡。它从两方面实现绿色惠民。

一、绿色科技是绿色经济的动力，通过推动绿色经济建设实现绿色惠民

（一）绿色科技可以提高现有资源的利用率，减少资源浪费

传统经济是一种粗放型经济，它的增长是以大量消耗资源为代价，从而造成资源的严重不足。其具体表现为：一是现有的资源开发强度过大，很多地方采取掠夺式开发，导致缺乏后备资源，资源供给与需求之间的矛盾突出；二是资源的利用率不高，浪费严重。绿色科技在可耗竭资源节约方面具有巨大潜力；在水资源等可再生资源的节约利用方面能发挥很大作用，从而切实提高资源的利用率。在这方面，立足我国国情，紧跟国际能源技术革命新趋势，以绿色低碳为方向，分类推动技术创新、产业创新、商业模式创新，并同其他领域高新技术紧密结合，把能源技术及其关联产业培育成带动我国产业升级的新增长点。

例如，绿色包装技术是绿色科技的一种，它通过产品包装的绿色化实现了绿色惠民。①非包装技术。通过技术处理，使得被运输的物体不用使用材料包装就能够实现运输、保存。②包装简装化技术。依据被包装产品的特性及运输的要求，设计出最节省材料的包装，决不过度包装。③压缩包装技术。对于能够压缩体积的产品采用压缩技术进行包装，可节省装载空间，进而节省运输成本。④容积最大化技术。在瓶子、罐子等包装器皿设计时，在同等用料情况下能够实现容积最大。⑤优化包装大小的技术。依据被包装产品的性能，结合包装材料的使用及运输的便利，设计最优的包装包的大小。⑥重复利用的包装。包装用过后最好可重复使用。⑦材料简化技术。不使用复杂的材料，不使用编织材料、塑料、金属等。可选择具有如下特征的材料：用可循环使用的材料，用一年期可持续材料（如竹子、玉米、大豆、棉花等），有机耕种的材料（如有机竹或玉米），可回收的材料（如纸、纸板、瓦楞纸、玻璃），可生物降解的材料（例如，贝壳、未漂白的纸），可重复使用的产品（如玻璃瓶）。⑧绿色材料标识技术。能够识别包装材料的构成及特性。⑨副产品最小化技术。在包装材料生产过程中，使得副产品最小化。⑩材料可降解技术。使得某些废弃材料能够实现无害化降解。⑪包装

材料产品强化技术。使得包装材料性能更强，更能抗冲击、抗腐蚀、抗日光。⑫可腐烂技术。对于某些材料进行有效处理，能够在自然环境中腐烂并以无害方式纳入自然环境。⑬纸板技术。提升纸板的包装性能。⑭材料再利用技术。对于可以资源化的材料进行再利用、资源化。⑮无毒化技术。包装材料无毒化技术的使用作为绿色包装设计来说是必要的，污染环境或者污染被包装产品的材料必须无毒化处理才能使用。

（二）绿色科技可以扩大资源使用的空间，从而在提高资源使用范围的角度实现绿色惠民

从绿色发展的角度来看，任何事物都可作为一种资源而存在，现在之所以不能成为资源是因为没有相应的技术。一些原本是非常宝贵的资源可以以多种方式加以利用，但由于技术条件的限制，人类的生产力水平较低的情况下，该资源仅仅是在很少的范围内被使用，或者是被视为垃圾和废弃物，甚至成为造成环境污染的物质。绿色科技的发展将把一些"废物"变成可在未来使用的资源，可以使部分资源有更为广泛的用途。这促进了经济和社会的发展，提高了人民的生活质量，同时也充分发挥资源的价值，减少对环境的污染，从而促进绿色发展。这就是大力发展循环经济，促进生产、流通、消费过程的减量化、再利用、资源化。

（三）绿色科技能够发现新型能源，并为绿色发展注入新的动力

能源是现代经济的血液，传统可耗竭的能源，如石油和煤炭是经济发展的"瓶颈"，使用这些资源时的排放物是污染环境的重要因素。绿色科技的发展，可以发现和利用新能源，这些能源可能会带来更清洁、更低成本、更丰富储量，有的甚至可永续利用。例如，太阳能、潮汐能、风能、雷电能等都是清洁能源，可以永续利用。有了它们，用以取代传统能源，将提供充足的清洁电力，从而促进绿色发展，实现绿色惠民。又如，随着原子能技术的发展，开发和应用海洋技术的发展，扩大人类资源的来源，以缓解矿产和石油资源对人类生存和发展的"瓶颈"制约作用。推动能源供给革命，建立多元供应体系。立足国内多元供应保安全，大力推进煤炭清洁高效利用，着力发展非煤能源，形成煤、油、气、核、新能源、可再生能源多轮驱动的供应体系。

例如，建筑中风能的利用包括自然通风和风力发电，大型风力涡轮发电机的成本更具竞争力，所以在适宜的地区可利用风能节省能源。地热能是通过地下浅表层的低温热能被热泵抽取，供建筑采暖和制备热水，夏季建筑向土地（或水）排放热量，由此形成循环利用系统。绿色建筑在太阳能方面的利用有被动式及主动式，其中太阳能光电技术将太阳能转为电能，太阳能光伏系统能集成在建筑围护结构中或独立安装，其构件可作为墙体外层、屋顶面层及遮阳设备，太阳能光热系统可用作生活用热水及为室内供暖。此外，水资源利用包括水的利用、废水处理，排水系统中污水、雨水总量的控制。而雨水利用有屋面雨水收集、雨水综合利用等。

二、绿色科技，推动环境保护和生态平衡，从而实现绿色惠民

（一）绿色科技的发展可以提高治理效果

绿色治理技术是对已产生的环境污染进行治理的科学技术，一般是指在末端的处理工艺。从 20 世纪 60 年代到 70 年代，这种技术在发达国家已经获得快速的发展，世界上各个国家已增加了环境保护和建设污染控制与治理的设施及其他投资，以控制和改善环境污染，并取得了一定的成绩。随着环境污染治理科技的发展，它可以减少对环境污染治理的成本，提高治理效率，改善生态环境，促进绿色发展。这表明，发展绿色治理技术，对生态环境的改善是必不可少的，但也不能过于依赖这种技术，无所顾忌地走"先污染，后治理"的道路，这将对绿色发展产生不利影响，与绿色发展的理念是相背离的，不利于绿色惠民。

（二）绿色科技的发展可以促进清洁生产

随着绿色发展理念深入人心，人们已经认识到促进传统模式的经济增长，大量消耗了资源和能源，是环境问题的根本原因。依靠环保补救措施，不能从根本上解决环境问题，转变经济增长方式是解决环境问题的根本途径。绿色科技的进步，也有可能在生产过程中产生新的没有污染的生产方式，也可能是一种新的技术发明使得以前很难用的废物变成宝贵的资源或者新产品，减少了浪费，提高了资源综合利用率；也可以将形成一个新的生产工艺，使废弃物成为原材料在各个

企业之间被利用，形成循环经济的新模式，等等。所有这些都将有力地推动绿色生产的发展，绿色科技是从生产源头抓起，在生产和产品链的每一个环节实现绿色化，在整个产品生命周期上实现绿色设计。绿色科技促进节能降耗、预防污染，尽量不对生态环境产生压力，实现环境治理从源头抓起，从根本上促进绿色发展。

例如，在当今的绿色大潮中，中国出现了诸多的既有项目的改造。有效利用闲置建筑，并综合考虑本地区的造价和运营成本，符合城市经济主流，探索了适合我国国情的低成本、本土化的利用模式。既有建筑的改造设计能有效降低能耗，并让其承担新的功能，在延长其使用寿命的同时重新焕发了活力，体现了绿色理念。具有推广意义的既有建筑改造的绿色技术，要加强技术特征的综合考虑。在城市发展和建筑建造过程中，须在各个方面将改造各部分作为整体来考虑，在时间上将改造过程的能源和成本计入成本效益的考量。改造的建筑要充分利用可持续的技术策略，并通过健康、满意的个体将积极方面传递给所在的城市，并且减少资源和能源的消耗，造福社会，同时提升人们的生活质量。深圳国际低碳城是以形成深圳及全国性的，以碳金融和交易、碳技术交流、低碳标准制定、低碳教育培训等低碳服务业与碳研发应用为核心，兼顾低碳休闲、娱乐、现代农业等产业的低碳示范区为目标，是探索深圳创新发展模式的先行区，也大量运用了较前沿的绿色技术。一期会展中心、丁山河生态整治、客家围屋改造、市容环境提升等已完工。国际低碳城会展中心包括低碳国际会议馆、低碳城展厅、低碳技术展示交易馆三栋楼，并有风雨走廊相连。此外，还有精心布局的展厅配套区、创意展场、观光塔以及停车场、集散广场、园林绿地等。通过对丁山河及其南岸历史久远的客家围屋的改造，一期内容包括月池景观整治和三进祠堂修缮，内设客家居住、文化展示、特色文化交流、农家乐等功能。同时，通过挖掘文化价值和绿色建筑改造，成为有文化魅力的创意社区；还对河污水有效收集及处理，实现场馆周边河道"水清、低碳、生态"，为深圳国际低碳城创造了良好的外围环境。

（三）绿色技术的发展可以促进更好地发展人类生态生产力

经济发展是社会文明进步的物质基础，无论多么先进的科技，经济发展必然要消耗资源，还必须对自然环境造成一定的影响。关键的环境问题在于这种影响是否在一定限度内。由于生态环境和自然资源，特别是可再生资源，有自我恢复的能力，但这种能力不是无穷无尽的，而是在一定限度内的自我修复能力，超越了这个限度就无法实现自我修复。因此，人类对生态环境和自然资源的开发利用必须在一定的限度内进行。如何掌握这个"度"，首先要了解这个"度"是什么，也就是要掌握生态规律。人类对环境的污染和生态破坏，在很大程度上是因为人们不理解生态规律，不知道这个"度"在哪里；而由于历史的局限性，自一个历史时间维度内，人类通过现有的技术条件，不能完全掌握自然规律，所以很难把握好"度"，这就会导致破坏生态环境行为的出现。绿色科技的进步可以提高人类观察自然生态规律的能力，更加有效地把握好这个"度"。例如，森林资源的破坏，是由于不合理利用造成的，"3S"技术在林业应用，人们可以实时监测森林资源，为防治森林植物病虫害提供及时准确的数据；而计算机技术的发展，可以帮助我们处理这些数据，使人们能够正确把握森林生态系统的变化规律，提高森林经营的能力和水平。绿色科技的发展可以使我们在维护和保护生态环境的同时，最大限度地发展生态生产力，促进绿色发展，实现绿色惠民。

第三节 绿色产品惠民

绿色产品分为绿色公共产品和绿色非公共产品两种类型。通常我们讲的一般意义上的绿色产品指的是绿色非公共产品，这个意义上的绿色产品是生产过程及其自己的节能、节水、低污染、低毒性、可再生、可循环利用的产品，它是绿色科技的应用的最终体现。绿色环保产品，可直接促进人们的消费观念和生产方式的转变，其主要特点是通过市场调节手段来实现保护环境的目的。市民把购买绿色产品作为时尚，促进企业生产绿色产品，以此来获取经济利益。下文出现的绿色产品指的是绿色非公共产品，绿色公共产品我们以全称描述。

绿色产品由以下四个环节组成。

绿色产品的第一个环节是设计。绿色产品需要卓越的产品品质和环境行为。双优不同于单一优占主导地位，如日用陶瓷的绿色设计要加强控制铅的设计；日常使用的燃气灶的绿色设计，就必须加入控制二氧化碳的设计。

绿色产品的第二个环节是生产过程。为了实现无废、少废，综合利用和清洁生产工艺，要求生产过程通过 ISO 14001 环境管理体系认正，采用高新科学技术是一种有效手段。

绿色产品的第三个环节是产品本身的质量。比一般产品更体现以人为本，提高舒适性、健康保护和环境保护的程度。如汽车尾气排放实施更高的国际标准，人造木板和地板甲醛的要求挥发量达到 12 毫克/立方米以下，73 英寸以上电视的辐射低于每小时 0.07 毫伦，等等，这些都需要用高科技来实现。

绿色产品的第四个环节是方便处理废物。如对产品的可降解性提出要求，要使塑料、润滑剂、洗涤液等产品成为绿色产品，一个重要的指标就是可降解；另一个例子是，每个企业对其生产产品的回收及有效处置系统的建立，并把一次性餐具、种类包装、报废汽车、报废电脑等回收和处理作为评价指标。绿色产品是给老百姓带来健康生活的产品，是环境友好型产品与资源节约型产品，是绿色发展的重要内容，是绿色惠民的重要组成部分。随着经济和社会发展及环保意识的增强，追求绿色产品已成为生产和消费的主流。

目前，许多国家都已建立了环境标志制度，如欧盟的"环保标记"、日本的"生态标志"、加拿大的"环境选择标志"等等。中国环境标志产品认证委员会是国家环境标志产品认证机构，由国家环保总局、国家质检总局等 11 个部委的代表和知名专家组成，委员会下设秘书处为办事机构。委员会及其秘书处由国家环保总局代为管理。中国"环境标志"图形（"十环"标志）由国家环境保护局于 1993 年 8 月发布。该标志经国家工商行政管理总局商标局注册，受法律保护，属环境保护领域的证明性商标。未经国家环境保护总局委托或授权，任何单位或个人不得制造、使用"十环"环境标志。

目前，我们已经知道了绿色产品的内涵，那么如何实现绿色产品的有效管理呢？一个有效的管理方式就是绿色供应链管理。绿色价值链可以被定义为：从产品设计、原料采购、产品制造、市场营销、物流到产品消费和回收利用的动态闭环过程，这个过程中兼顾了企业目标和道德目标，实现了绿色产品价值和绿色社会价值统一起来，从而构建最大化的绿色价值目标。价值链是一种管理工具，由美国哈佛商学院教授迈克尔·波特（Michael E. Porter）提出。价值链认为，企业的增值服务活动可以分为既独立又相互联系的多个价值活动，这些活动形成了独特的价值链。价值增值活动可分为主要活动和辅助活动。主要活动的价值链环节包括企业内部物流、生产运营、外部物流、市场营销、售后服务等内容。辅助活动包括技术及研发、人力资源管理、采购管理、全面的业务管理等内容。企业以独特的方式构筑价值链体系是企业获得竞争优势的基本方式，如果企业价值链的每个环节都蕴含绿色科技创新，就形成绿色价值链，并可基于此获得竞争优势。企业执行绿色价值链管理，不仅可以帮助企业获得竞争优势，而且可以为社会生产绿色产品，实现绿色惠民，落实绿色发展。

公共产品（Public Good）是私人产品的对称，是指具有消费或使用上的非竞争性和受益上的非排他性的产品。绿色公共产品是被广大人民消费或使用非竞争性的、环境友好型的公共产品。例如，美丽的公园、环保的道路等人工环境都属于绿色公共产品。由于在当今时代，人化的自然界已经普及地球的各个地方，因而良好生态环境就是绿色公共物品了，是能够普遍绿色惠民的公共产品；由于它的公共性本质，它必然是最公平、最普惠的民生福祉。

绿色公共物品——良好生态即是最普惠的民生福祉，这是对狭隘民生观念的纠正。在中国的基层治理中，常常出现以发展经济、提升 GDP、拉动就业为名变相纵容污染、消极治污的情况，这其实是一种将民生与生态对立起来的偏执，一种有发展就有污染、无污染就无发展的狭隘，是今天环境问题越来越严峻的思想认识根源，也是未来在建设"美丽中国"道路上必须破除的思路。绿色公共物品——良好生态即是最公平的公共产品，这是对政府环境治理力度、效果的鞭策。一般概念中，公共产品包括医疗、养老、教育、交通等方面，地方政府据此评价自身的公共治理水平，也习惯于把这些方面的改善与进步看成政绩。随着中国经济社会发展水平的跃升，随着环境污染对经济发展制约作用的展现，生态治理也应该纳入政府提供的基本公共服务体系，成为衡量政府作为、领导干部个人素质能力的标准。中组部印发的《关于改进地方党政领导班子和领导干部政绩考核工作的通知》中特别强调，在政绩考核工作中要"加大资源消耗、环境保护、消化产能过剩、安全生产等指标的权重"，已经展现出了这种趋势，并在另一种意义上明确了环境治理的主体责任。今天的中国，资源消耗过大、环境污染问题已经日益严峻，整个社会对于生态安全的诉求空前强烈，从基本民生和重要公共产品的深度上认识环保的必须性，从实现"两个一百年"奋斗目标、实现中华民族伟大复兴的中国梦的视野上看待环境治理的重要性，是每一级政府必须建立的认识。各级党委、政府应把生态治理能力纳入党的执政能力建设之中，把切实履行环保责任作为政府转变职能的重要内容，提升公共治理水平，转变经济发展方式，呵护最普惠的民生福祉。

第四节　绿色包装惠民

在循环经济的建设过程中，产品包装是一个必要的环节，在生产、流通、消费、回收等环节都离不开包装。绿色包装立足于实施包装废弃物减量化、无害化、资源化，它已超越国界，成为世界潮流。绿色包装是循环经济建设的必要环节，我国循环经济建设过程中必须整合绿色包装的内涵。因此，探讨整合绿色包装的循环经济建设，对于把循环经济理论与其建设现实相结合具有重要的意义。从知识所述学科领域来看，绿色包装是绿色发展的社会主义政治经济学与管理学的一个交叉点；从绿色发展角度来看，它是绿色产品实现绿色惠民的关键环节，其本身是绿色惠民的重要组成部分。

一、匹配产品生命周期的绿色包装设计

产品生命周期（Product Life Cycle）指一种产品由原料采集与配制、产品加工与制造、包装、运输、销售、使用、维修、最终再循环、再利用、资源化或作为无害废物处理等环节组成的全部过程的总和。把循环经济理念纳入产品生命周期，丰富了产品生命周期的内涵，也为绿色包装设计与之匹配实现了观念上的整合。现实生产生活中，把绿色包装设计整合于产品生命周期之中而生产出来的产品就是绿色产品。从这个意义上讲，绿色产品生产管理本质上就是产品生命周期管理，它是指从产品系统的原料获取、论证设计、生产制造、储藏运输、产品运行、维修到回收处理，以使用需求为牵引，进行全过程、全方位的统筹规划和科学管理。把绿色包装设计整合到产品生命周期之中，必须考虑原材料的采集与配制，考虑到该原材料的使用在产品生命周期过程中对环境的影响；在绿色产品设

计阶段，必须考虑产品的环境属性，统筹环境属性、产品生命性能、可维修性、安全与保障性、再制造性、再循环性、再利用性、废弃物无害性，生产成本，生产流程等诸多环节，从而实现在科学论证的基础上完成决策，确定最终的生产方式。在生产制造阶段实行严格的全面质量管理（Total Quality Management），以保证产品质量符合设计要求和规定的标准。在使用阶段，用通俗易懂的说明书正确指导产品使用者正确使用产品，同时匹配完整的维修系统，及时有效处理产品使用过程中的故障，在最为减量化的基础上使产品获得最大的效能。在产品的回收阶段，建立系统的回收体系，最大限度实现再循环、再利用和无害化。

匹配产品生命周期的绿色包装设计（Matching Product Life Cycle Green Packaging Engineering Design）本质就是绿色产品设计（Green Product Engineering Design），它要求在产品设计阶段考虑到整个产品生命周期的全过程，把产品生命周期过程中各个阶段的价值实现方式、条件等诸多因素融入产品设计的理念之中，实现产品绿色包装与有效生命的完美结合，实现了循环经济的建设理念。产品价值的实现主要体现为产品本身具有的功能，它是产品能够成为商品的使用价值。在循环经济理念的要求下，产品的价值不仅局限为其使用价值，还应包括无污染的可生产性、无害条件的可装配性、无害条件的可测试性、无害环境的可维修性、可环保运输性、可再制造性、可再循环性、可资源化性、废弃物无害环境特性。当然，基于产品本身绿色化的设计并不是本文的重点，其自身价值及与循环经济建设相关联的价值也不做赘述；依据循环经济理念，与产品生命周期（产品自身绿色化）相匹配的绿色包装设计包括产品包装可靠性设计、产品包装减量化设计、产品包装无毒害化设计、产品包装再循环设计、产品包装资源化设计、包装废弃物无害化设计。对这些包装设计的展开论述在稍后进行，这里我们先就匹配产品生命周期的绿色设计评价做论述。

匹配产品生命周期的绿色包装设计通过七条路径来完成，第一条路径为产品自身品质绿色化设计，体现了基于循环经济的产品生命周期的主要内涵；其余六条路径属于绿色包装的范畴，它们是围绕着第一条路径展开，依附于第一条路径形成循环经济包装品质。但总体来讲，匹配产品生命周期的绿色包装设计是通过这七条路径来实现的。

透过匹配产品生命周期的绿色包装设计是通过这七条路径架构起匹配产品生

命周期的绿色包装设计的评价。评价反映了七条路径的现实状况，是七条路径实现循环经济建设理念的具体程度的反映，从而可以界定循环经济的实现水平。在循环经济的体系内定量评价匹配产品生命周期的绿色包装设计的效果需要依据对输入、输出数据进行采集，然后对数据进行分析。输入包括原材料、能源、水、空气等自然资源的使用量的监测，输出是指经过循环经济体系之后的无害排放，包括向空气、土壤、水体等排放的无害废水、无害废气、无害固体废弃物、无害其他废弃物。循环经济试图最大化减少废弃物的排放，在人类社会发展的特定历史阶段，人类的科技无法实现零排放，但是作为循环经济建设的最低要求，排放必须无害化。无害废水、无害废气、无害固体废弃物是经过资源化之后最终被排放出来并能被自然生态系统自身能力所净化的废弃物。随着科技的进步，循环经济再资源化能力逐步提高，三废排放逐渐趋于零。无害其他废弃物包括噪声、噪光、噪辐射等其他循环经济体系排放的无害污染物；这些污染物往往是人类生产生活过程中不可避免的，循环经济体系使其无害化。

通过循环经济对输入、输出数据的采集、分析、处理，可以计算整合绿色包装的循环经济实现水平。

第一，结合历史数据检测输入端的减量化水平，生产企业必须不断吸收先进生产技术，才能实现量化水平不断提高。

第二，再循环水平的检测。这是循环经济体系内部体现产品零部件、包装再循环情况的检测，匹配产品生命周期的绿色包装设计不仅包括产品自身零部件的再循环设计，也包括产品包装的再循环设计。

第三，循环经济内部资源化水平检测。无论是产品自身还是其包装能否资源化是循环经济是否实现的重要标志之一，一个完整意义的循环经济，必须实现100%资源化。

第四，输出端无害化检测。循环经济要求经过循环经济无害化处理之后的排放必须是自然环境自身自净能力所允许的，输出端无害化检测如果不能达标，循环经济建设就是不合格的；当然无害化达标只是特定历史阶段的标准，随着科技的进步，三废排放趋于零，其他无害排放也会减少。

整合匹配产品生命周期的绿色包装设计的循环经济把绿色包装理念实现于产品生命周期的各个环节，最大限度实现再循环、再利用和再资源化。任何有形商品的生产活动都离不开自然资源，原始的和被资源化的资源经过无污染的绿色运输成为企业的原材料；在对原材料的开采和加工过程中产生的废弃物经由运输通道进入循环经济的再循环、再利用、再资源化系统；合格的原材料经绿色包装、运输进入产品生产、加工和制造环节，这个环节产生的废弃物同样经由运输通道进入循环经济的再循环、再利用、再资源化系统；合格的符合绿色设计的产品经过绿色包装、仓储、运输进入产品的使用环节或者被最终消费，这个环节产生的废弃物同样经由运输通道进入循环经济的再循环、再利用、再资源化系统；最后由循环经济的再循环、再利用、再资源化系统完成废弃物的再循环、再利用、再资源化，并使废弃物成为资源；无害的最终废弃物排放到自然界，依靠自然界的自净能力转换为自然界正常的物质存在。

二、生产环节的绿色包装

生产环节的绿色包装主要立足于产品自身的绿色设计与绿色包装材料的选取。产品自身的绿色设计应立足于实现可持续性包装设计，目标包括：①在其整个生命周期中，对个人和社会而言都是有益、健康和安全的；②满足市场在包装性能和成本方面的要求；③在采购、制造、运输及回收过程中使用可再生能源；④对于可再生和可回收材料的最大化利用；⑤使用环保的生产技术和最佳行业模式进行生产；⑥其原材料在任何情况下都是无害的；⑦设计上实现了材料和能源的优化；⑧在生物或其他行业的循环周期中可以有效加以回收和使用。目前，符合可持续性要求的包装产品有：更薄的包装袋、垃圾膜及托盘，更薄、性能更高的收缩膜，空隙更小的包装（如真空包装），以及重量更轻的泡沫托盘等。成为绿色包装材料的前提是材料必须无毒，有毒有害成分应在规定的限量之内，我国也应加强对包装材料无害化的检查力度，制定严格的检查标准，可借鉴国外的标准。具体要求如下：在包装材料和包装中，铅、镉、汞和六价铬的浓度总量最大允许极限为 $100mg/kg$；食品包装材料对食品的总迁移极限不超过 $60mg/kg$（对容器可换算为 $10mg/dm^2$）。绿色包装材料的选取应立足于执行绿色包装制度的"4R1D"原则：①Reduce，减少包装材料使用量，反对过分包装；②Reuse，提倡重复使用；③Recycle，重视回收再生；④Recover，利用包装废弃物获取能源料；⑤Degradable，能降解腐化，有利于消除白色污染。当然，目前还无法实现所有的包装材料都达到"4R1D"原则的要求，政府必须加大绿色包装材料研发的支持力度，鼓励企业、科研单位积极投入绿色包装材料的研发。绿色包装材料的研制开发是绿色包装最终得以实现的关键。因此，当务之急是大力开发新型绿色包装材料，取代原有的污染性材料。重点开发天然绿色包装材料、可食性包装材料和生态包装材料。可食性包装材料代替传统塑料包装的技术，有效地解决包装材料和环境保护的矛盾。要重视天然绿色包装材料的使用。天然绿色包装材料是指利用可再生自然资源进行无污染、少耗能加工，废弃物能有效回收或迅速分解的材料。这是从材料角度保证可持续发展战略的根本出路。在生产环节，我们立足于实现产品自身品质的绿色设计，如果不是绿色产品，即使实现绿色包装也不能实现可持续发展的客观要求，它是整合绿色包装的循环经济建设的前提条件。如果有足够多品种和数量的绿色包装材料可用于绿色包装设计的选择之中，我们就能够在整合绿色包装的循环经济建设中实现产品包装无毒害化设计、产品包装再循环化设计、产品包装资源化设计、包装废弃物无害化设计。如果我们拥有了可选绿色包装材料的物理、化学等有关特性的资料，用最优规划的数学法则我们可以实现产品包装的可靠性设计与产品包装的减量化设计，从而实现最小化的资源耗费达到预期的包装效果。随着标准化的普及，绿色包装逐渐实现包装模数化，是指确定包装基础尺寸的标准，包装模数标准确定以后，各种进入流通领域的产品便需要按模数规定的尺寸包装。模数化包装是绿色包装的必然趋势，利于小包装的集合，利用集装箱及托盘装箱、装盘，有效地将高效率的物流机械应用于物流作业当中，从而实现可持续发展与新技术的结合，并为提高效率服务。随着绿色包装的发展，包装模数立足于与仓库设施、运输设施尺寸模数统一化，从而有利于运输和保管，进而实现整个绿色物流系统的合理化。

生产环节完成绿色包装还需要政府出台有利于绿色包装的产业政策，政府通过产业政策的制定引导包装企业向绿色包装方向发展。在社会主义市场经济的前提下，通过差别利率等信贷倾斜政策引导资金进入实施绿色包装的企业，在可持续发展的前提下实现资金合理流动和优化配置；打破地区封锁和市场分割，促进绿色包装的区域市场和国内统一市场的发育和形成。

三、商品流通避免污染环境

商品流通是指商品或服务从生产领域向消费领域的转移过程的总和。21世纪作为信息化的时代，商品流通呈现出快捷、便利、节能、环保等特征，商品流通业已经成为第三产业的基础产业和主导产业，包括交通运输业、快递业、邮电通信业、国内外商贸业、饮食业、仓储业等。我们这里的商品流通指的是整合了绿色包装设计的产品进入消费领域的全过程，在这个过程中必须避免污染环境。这个过程主要包括运输工具的选取与优化、门店配送与终端配送优化设计、意外事故的无污染处理。

绿色运输是整合绿色包装的循环经济建设得以实现的重要环节，它依靠运输工具的选取与优化来完成。交通运输工具对大气的污染主要来源于汽车等运输工具排放的尾气，其中含有一氧化碳、氮氧化合物、铅氧化合物、浮游性尘埃等有害物质，从而造成大气污染。在无污染运输工具全面替代燃油汽车之前，我们的运输过程不可能不使用汽车，只能尽量减少对有污染的汽车的利用。当然，出于成本的考虑，企业本身在一定条件下不愿意使用高成本和低排放火、零污染运输工具，政府需要出台积极的鼓励措施，通过补贴或者税收减免等方式促使企业减少商品运输环节的环境污染。

绿色商品的门店配送与终端配送优化设计是节能的重要环节之一。如何实现配送过程的高满载率与及时性的完美结合，是门店配送与终端配送优化设计亟待解决的问题。这个问题的解决不仅为节能环保做了贡献，也有利于降低企业经营成本；企业必须搜集店面、客户的地理位置信息，动态的道路状况信息，门店和客户终端的动态变动信息，运输工具的性能信息，利用动态最优规划设计，结合全球卫星定位系统的动态跟踪，实现绿色配送。

整合了绿色设计的商品，在运输过程中难免会有意外事故，例如交通事故、火灾、水灾等，这种情况下就可能会造成环境污染。整合绿色包装的循环经济建设必须考虑到意外情况的危机处理，这是动员全社会的资源来实现快速反应系统，试图把商品流通环节因意外因素造成的环境污染减低或彻底消除。

四、包装废弃物的回收

整合匹配产品生命周期的绿色包装设计的循环经济架构得以实现的关键环节之一是回收利用包装废弃物。目前，我国废弃物资回收体系的源头主要是个体废品回收户，经过中介商再转移到大型的回收企业，规模较大的回收户也可直接将回收物资运送到回收企业。我国废弃物资回收体系的源头主要是个体废品回收户，经过中介商再转移到大型的回收企业，规模较大的回收户也可直接将回收物资运送到回收企业。在这种回收模式下，经济利益是主要驱动力。因此，个体回收者只接收传统的价值高的废旧物资，对于回收价值不明显的废旧物资拒绝接收，导致大量难以回收的有用资源被当作垃圾随意丢弃或者填埋，也就使像电池、塑料包装袋等废弃物得不到有效回收，形成了严重的环境污染。回收利用包装废弃物是一个庞大的系统工程，为了实现可持续发展，必须积极鼓励废弃物回收利用产业的发展，我国必须建立废旧物资回收的庞大系统，首先建立废旧物资的分类体系，教育和鼓励消费者对废旧物资自主分类，然后根据废旧物资的分类情况，再分别送往指定分类的处理体系，进入循环经济的系统之中。而回收利用包装废弃物的关键又是建设包装废弃物回收利用网络，发展包装后期产业，需要利用信息化平台，借助一切可能的技术手段，在政府的引导下建立完善的包装废弃物回收利用网络，积极培育回收利用一体化、系统化、信息化、现代化的龙头企业。

第七章 绿色发展的社会主义政治经济学的发展路径

第一节 生态经济

20世纪60年代开启了生态经济的研究，美国经济学家肯尼思·艾瓦特·博尔丁（Kenneth E. Boulding）在《一门科学——生态经济学》一书中首次使用了"生态经济学"这一术语。该书倡导基于市场经济体制，控制人口的增长和环境污染，协调消费品分配、资源开发。此后，生态经济学逐渐成为引人注目的研究领域，生态经济学的研究对象就是生态经济。尽管国内外的生态经济学家对生态经济进行了卓有成效的研究，但是他们在许多方面还没有达成共识。其中两种比较有代表性的观点是：

一是生态经济是指在生态系统承载能力范围内，运用生态经济学原理和系统工程方法改变生产和消费方式，挖掘一切可以利用的资源潜力，发展一些经济发达、生态高效的产业，建设体制合理、社会和谐的文化及生态健康、景观适宜的环境。生态经济是实现经济腾飞与环境保护、物质文明与精神文明、自然生态与人类生态的高度统一和可持续发展的经济。

二是生态经济是让整个产品的生产、使用和废弃的全过程像生态系统一样形成全封闭循环，最终达到资源的零输入和废弃物的零排放，使生产系统自持，也就是真正的可持续发展，是理想化阶段，在知识经济的后期才有可能做到。生态经济作为一种经济形态，其物质基础与以化石燃料或以碳为基础的传统工业经济不同——是以太阳能或氢能为基础的，可见，纯粹意义上的生态经济是一种理想的可持续发展的状态，在现实社会发展阶段，生态经济还没有完全实现。目前，各个国家生态经济的发展仅仅是经济活动的生态化趋势。在如下的文本中，主要从我国当前生态经济建设的实际出发，论述当代绿色发展的社会主义政治经济学的生态经济。

一、农业生态经济建设

（一）如何解决中国的农业发展问题

解决好"三农"问题，根本在于深化改革，走中国特色现代化农业道路。当前，重点要以解决好地怎么种为导向，加快构建新型农业经营体系；以解决好地少水缺的资源环境约束为导向，深入推进农业发展方式转变；以满足吃得好吃得安全为导向，大力发展优质安全农产品。要给农业插上科技的翅膀，按照增产增效并重、良种良法配套、农机农艺结合、生产生态协调的原则，促进农业技术集成化、劳动过程机械化、生产经营信息化、安全环保法治化，加快构建适应高产、优质、高效、生态、安全农业发展要求的技术体系。解读关于农业发展的指示，结合生态经济的内涵，可以理解为中国农业的发展需要推进农业生态经济建设，大力发展生态农业，在农业生产过程中构建农业生态系统。

（二）如何构建农业生态系统

根据农作物生长特性合理配置农作物的种植结构，依据生物链相互制约的特性达到减少病虫害的目的，根据食物链的衔接要求合理设计养殖业结构，并使养殖业与农作物种植业相互协调、相互促进，按比例发展；做好农产品、畜产品的深加工，延伸农业产业链，增加农产品附加值；加快农业产业结构升级，减少农药和化肥的使用，切实保护土地资源利用的有效性和可持续性，切实维持和改善农业生产的环境利益；加快农畜产品质量标准体系的建设，加强农畜产品质量监督管理，切实保证农畜产品的质量。实证研究得出如下结论。

第一，在经济发展初期，国家政策以促进经济发展为主，生产过程对土地生态功能破坏严重，土地生态价值降低。

第二，随着经济的进一步发展，国家意识到生态保护和环境保护的重要性，会加大生态保护和环境保护方面的投入，这会促使土地生态价值有所增加。

第三，随着经济的发展和居民收入的提高，居民在生态保护和环境保护方面的意识增强，土地生态资本的积累增加，国家也有能力加大对生态环境保护的投入，这促使土地的生态价值有所提高。政府需要加大生态环境保护方面的投入，增加土地生态资本积累，提升土地生态价值；政府可以利用税收或价格等手段限制粗放利用土地的行为，既可以提升土地生态价值，也可以促进经济转型；政府可以探索建立跨区域的生态补偿机制，实现不同地区和不同群体生态利益的公平配置和合理配置。

二、林业生态经济建设

森林是陆地生态的主体，是国家、民族最大的生存资本，是人类生存的根基，关系生存安全、淡水安全、国土安全、物种安全、气候安全和国家外交大局。必须从中华民族历史发展的高度来看待这个问题，为子孙后代留下美丽家园，让历史的春秋之笔为当代中国人留下正能量的记录。可以理解为中国林业的发展需要推进林业生态经济建设，大力发展生态林业，在林业生产过程中构建林业生态系统。

如何构建林业生态系统呢？不断提高和解放林业生产力水平，做好森林分类区划定界工作，严格区分保护林与经济林的范围，为林业分类经营奠定良好基础；根据林木生长的特点及经济效用，合理搭配林木的种植比例，根据林木生长的生物学特性，以科学的混合栽培方式搞好人造林区的建设，做到林木的采集与林木的栽培紧密衔接；统筹经济林木与大宗林木的科学栽培种植结构；在人造森林适度搞好林内生态禽类、畜类养殖，科学合理地提高林地的产出。通过不断深化改革，提出森林资源管理水平，使森林资源获得多元化发展。遵循林业与经济发展的规律，实现林业区相关产业协调发展。合理配置和有效利用森林资源，推进生态林业工程建设，从而逐步改善环境，实现卓越的环境治理效果。

三、工业生态经济建设

生态效益型工业发展模式，通过提高产业结构升级，改善企业的产出结构，使产业结构日趋合理；通过产业链的延伸与创新，增加企业副产品的种类，达到变废为宝的目的。

四、旅游业生态经济建设

旅游业生态经济建设亦即生态效益型旅游业发展模式。我们追求人与自然的和谐、经济与社会的和谐，通俗地讲就是要两座山：既要金山银山，又要绿水青山，绿水青山就是金山银山。上述论述很重要的一方面就是包含加快生态旅游业的发展，促进旅游业生态经济建设的含义。"绿水青山"不仅以生态农业、生态林业的方式带来"金山银山"，还可以通过开发生态旅游的方式带来"金山银山"。

认识到绿水青山可以源源不断地带来金山银山，绿水青山本身就是金山银山，我们种的常青树就是摇钱树，生态优势变成经济优势，形成了浑然一体、和谐统一的关系，这一阶段是一种更高的境界。这种更高的境界可以解读为在生态农业与生态林业的建设区，切实做好生态旅游产业，不仅可以增加农业和林业地区农民的收入，而且为旅游者带来健康和快乐，切实感受到自然环境的美丽。

五、区域生态经济建设

实现中华民族永续发展，在经济建设上表现为区域生态经济建设，拓展生态效益型工农林业结合发展模式。加强工业、农业、林业发展的有机结合，科学合理地协调三者之间的比例，以优质的农业、林业产品为工业生产提供原料，以清洁的、无污染的工业产品满足农业、林业的生产需要，以清洁的、无污染的工业最终产品满足人们的日常生活需要，切实实现经济利益与环境利益的双丰收。社会—经济—自然复合生态系统是受人类影响较为强烈的生态系统，其功能关系到人类的生存和发展。从资源、人口、社会经济及生态环境的实际情况出发，寻求因地制宜的生态经济建设之路，科学合理地经营生态系统，成为经济可持续发展、社会不断进步的首要任务。进行生态经济功能区划，为资源开发、产业布局、灾害防治、环境综合整治、生态建设及经济发展分区管理提供科学依据。

第二节　循环经济

"循环经济"一词是美国经济学家波尔丁（Portin）在20世纪60年代受当时发射宇宙飞船的启发来分析地球经济的发展提出生态经济时谈到的。循环经济是物质闭环流动型经济的简称，是一种以"资源—产品—废弃物—再生资源"为特征的闭环流动模式。循环经济以减量化、再使用和再循环（"3R"）为基本原则，是实现中国经济增长从高投入高消耗的传统模式向可持续发展模式转变的重要途径。"循环经济"一词并非国际通用术语，在学术界尚存争议。学术共识在于如下言语：循环经济运用生态学规律，使经济活动不超过资源承载能力，不断提高资源的利用效率，循环使用资源，创造良性的社会财富，在生产过程中实行清洁生产，实行"3R"原则，在生产的投入端，坚持尽可能少输入自然资源、产品的再使用原则，即尽可能延长使用周期，并在多种场合使用废弃物的再循环，即最大限度减少废弃物排放，力争做到排放的无害化，实现资源再循环。进入21世纪后，在以发展中国家为主导的新一轮经济增长中，循环经济更是在世界范围内讨论开来。目前，我国广泛提倡和推广循环经济，旨在提高资源的使用效率和保护环境。要大力节约集约利用资源，推动资源利用方式根本转变，加强全过程节约管理，大幅降低能源、水、土地消耗强度，大力发展循环经济，促进生产、流通、消费过程的减量化、再利用、资源化。

循环经济是以生态经济为基础的，其经济实质是一致的，都是要使经济活动生态化，都是要坚持可持续发展。物质循环不仅是自然作用过程，而且是经济社会过程，实质是人类通过社会生产与自然界进行物质交换，也就是自然过程和经济过程相互作用的生态经济发展过程。物质循环是推行一种与自然和谐发展、与新型工业化道路要求相适应的新的生产方式和生态经济的基本功能。物质循环和能量流动是自然生态系统和经济社会系统的两大基本功能，处于不断的转换中。循环经济要求遵循生态规律和经济规律，合理利用自然资源与优化环境，在物质不断循环利用的基础上发展经济，使生态经济原则体现在不同层次的循环经济形式上。循环经济是生态经济的深化与具体化，循环经济建设是生态经济原理的体现。

生态经济强调的核心是经济与生态的协调，注重经济系统与生态系统的有机结合，强调宏观经济发展模式的转变；循环经济则侧重于整个社会物质循环应用，强调的是循环和生态效率，资源被多次重复利用，并注重生产、流通、消费全过程的资源节约。循环经济的实质是生态经济，但循环经济和生态经济的理论基础是不同的。生态经济学是从经济学角度研究由经济系统和生态系统复合而成的生态经济系统的结构、功能及其运动规律性的学科。生态经济是以生态学原理为基础，经济学理论为主导的，以人类经济活动为中心，围绕着人类活动与自然生态之间相互关系这个主题，研究生态系统和经济系统相互作用所形成的生态经济复合系统。循环经济的理论基础是系统论和生态学，循环经济以从生态系统中取得自然资源来支撑社会子系统、经济子系统和环境子系统的发展。各系统之间互相作用、相互影响，取得动态平衡，以实现人、自然与科学技术相和谐，共同可持续发展的总目标。在每个子系统中都存在着自循环，而各个子系统之间又有物质、能量和信息的交流。经济子系统的发展依赖于自然资源，也就是生态系统，反过来经济子系统的发展又对自然资源和生态系统起反作用，对稀缺自然资源的耗竭，破坏了生态系统，反过来又制约经济子系统的发展。

到此为止，我们已经说完了绿色发展的社会主义政治经济学的循环经济的概念，也说明了循环经济与生态经济的区别与联系，在下述的文本中，开始分析循环经济的建设方式，以彰显绿色发展的社会主义政治经济学对具体经济路径的清晰指出。

循环经济 3R 原则指的是减量化（Reduce）、再利用（Reuse）、再循环（Recycle）。我国著名学者吴季松在《新循环经济学》中发展了 3R 理论提出了 5R 的新循环经济学范式，增加了再思考（Rethink）和再修复（Repair），并赋予了原来 3R 以新的解释。在吴季松 5R 的基础上，再加上再统筹（Replan as a whole）、再创造（Recreate）、再发展（Redevelop），形成了 8R 原理。下面结合党和国家的最新原理，对 8R 原理做新的诠释，以便丰富循环经济的内涵，更好地起到理论借鉴的作用。

一、减量化（Reduce）

原有的"减量化"的含义是：最大限度地提高资源的利用效率，减少生产过程中土地、能源、水等资源的投入，这是狭义的减量化。改革开放积累的宝贵经验，其中很重要的一条就是强调必须坚持以人为本，尊重人民主体地位，发挥群众首创精神，紧紧依靠人民推动改革。绿色发展的社会主义政治经济学的减量化是建立在以人为本基础上的，它要求首先要全面发展人，从而使人在需求层面上与自然界相统一，人的需求趋于融于自然的理性，节约成为道德所追求的美德和人人自觉遵守的普遍原则。从而，在根本上扬弃传统西方经济学中"拼命生产、拼命浪费"以满足人无限欲望的理论假说，实现无限欲望的理性化并把无限欲望融合于自然生态系统之中，在自然生态系统承载能力范围之内满足人类的欲望，在政府宏观调控积极作用的基础上，以市场机制配置生态系统中的资源，最大限度满足人类的需求。

二、再利用（Reuse）

原有的"再利用"观念主要是生产寿命长的产品使其反复利用以及产品新用途的发现，或者某产品的部件可以反复利用及其新用途的发现，包含资源综合利用的观念和设想。要着力完善科技创新基础制度，加快建立健全国家科技报告制度、创新调查制度、国家科技管理信息系统，大幅提高科技资源开放共享水平。绿色发展的社会主义政治经济学的"再利用"，不仅囊括了原有的"再利用"的合理内涵，还包括公共物品、信息资源、知识资源等共享利用，可再生资源的合理利用和维护。信息资源和知识资源的共享是把具有公共物品性的信息资源、知识资源与知识产权、专有技术等区分开来，实现资源共享与产权保护的统一。也就是把具有公共物品性的信息资源、知识资源公共物品化，让需要的人很容易使用，从而有利于加快信息和知识的传播普及，有利于提高科学技术研究的进度，促进具有产权性的新知识的诞生和新的专有技术的问世。人类的可持续发展依赖自然资源的永续支持，因此必须在可再生资源再生能力范围内充分利用可再生资源，减少可耗竭资源的利用，逐渐以可再生资源取代可耗竭资源。

三、再循环（Recycle）

原有的"再循环"观念主要是生产过程中实现废物利用，即在企业生产流程中形成资源循环利用。例如，生产过程中产生的废水经过处理后再重新用于生产过程。绿色发展的社会主义政治经济学要求资源的循环利用超越企业内部，资源的循环利用在整个经济系统实现配置，使市场在资源配置中起决定性作用和更好发挥政府作用，处理好政府和市场的关系。资源"再循环"过程中，中国能够充分发挥市场的决定性作用，又能够发挥政府的作用，避免市场失灵造成的不利影响。在中国能够更好地实现资源在经济系统里被循环利用，从而实现资源利用上的变革。

四、再思考（Rethink）

要加强宏观思考和顶层设计，更加注重改革的系统性、整体性、协同性。绿色发展的社会主义政治经济学的循环经济建设不是局部的、孤立的循环经济建设，需要反复思考，不断加强顶层设计；它是一个改革的过程，需要注重系统性、整体性、协同性。我国自然资源和环境问题是一个重大问题，有的资源与环境问题已经成为突出的矛盾，必须通过再思考，以逐步找到更好的解决方式。要有强烈的问题意识，以重大问题为导向，抓住关键问题进一步研究思考，着力推动解决我国发展面临的一系列突出矛盾和问题。

五、再修复（Repair）

以往人类发展过程中已经造成了对自然生态系统的破坏，已经有大量的废弃物进入了江、河、湖、海、大气、土壤。人类认识到以前的发展对自然界造成破坏后便开始建设循环经济的探索，绿色发展的社会主义政治经济学的循环经济建设包括对以往经济发展过程中对自然界所造成的破坏进行修复的内容。"再修复"就是生态系统的恢复，它不仅依靠自然界自身恢复力量，也要依靠人类付出的巨大努力。例如，对于已经被污染的海洋区域、内陆湖泊等进行科学治理，使之恢复生态系统的过程尽可能地缩短，尽最大可能早日实现无污染化、无毒化、无害化。要实施重大生态修复工程，增强生态产品生产能力，生态修复必须遵循自然规律。绿色发展的社会主义政治经济学的循环经济要修复被破坏的生态系统。山水林田湖是一个生命共同体，人的命脉在田，田的命脉在水，水的命脉在山，山的命脉在土，土的命脉在树。由一个部门负责领土范围内所有国土空间用途管制职责，对山水林田湖进行统一保护、统一修复。

六、再统筹（Replan as a whole）

科学发展观的根本方法是统筹兼顾。绿色发展的社会主义政治经济学循环经济的"再统筹"理论就是对统筹兼顾思想的利用。"再统筹"是循环经济建设的根本方法，从狭义层面看，"再统筹"要求循环经济的建设是在全国经济与社会大系统内进行的，也只有在全国经济与社会大系统内建设循环经济，循环经济才能够得到实现；从广义层面看，"再统筹"要求循环经济的建设在世界范围内实现统筹兼顾，强调跨越国界，任何国家、任何地区、任何民族、任何个人成为全世界建设循环经济的参与者，从而有效解决世界范围内的环境污染、气候变迁、臭氧层空洞等问题。更好统筹国内国际两个大局，坚持开放的发展、合作的发展、共赢的发展。要加强交流、互鉴共享，有关多边机制和倡议要统筹协调、协同努力。另外，"再统筹"不仅需要在空间范围内跨越国界，而且要求在时间范围内跨越古今及未来，也就是统筹好过去、现在、未来的资源配置问题。对于过去的问题通过"再修复"得以解决，对于未来和现在的资源配置问题主要是解决可耗竭资源的最优利用问题，也就是把可耗竭资源在当代与未来各代进行最优配置。

七、再创造（Recreate）

"再思考"中描绘了创新的经济思想，这里的"再创造"绝不是"再思考"的简单重复，而是赋予了新的时代内涵。"再创造"是立足于现代着眼于未来的创造战略，依靠科学技术进步，努力制订人类千秋万代长远规划，并按部就班地实施。从目前来看，就是对人类生态文明的构建，要求人类不仅要恢复自然生态系统，更重要的是要创造新的生态系统，利用基因工程等高新科技改造旧的物种，培育新物种，依据生态系统的内在规律培育新的生态系统，改造旧的生态系统，使得生态系统在科学指导下不断发展，不断进步。"再创造"所创造的是人化的自然界，而这种人化的自然界是符合生态系统内在规律的人化的自然界，是实现了人与自然和谐发展的人化的自然界，是绿色发展的社会主义政治经济学的绿色发展的人化的自然界。

八、再发展（Redevelop）

绿色发展的社会主义政治经济学循环经济的再发展就是永续发展，是生态文明的发展。大力推进生态文明建设，努力建设美丽中国，实现中华民族永续发展。在生态文明建设上，要坚持节约资源和保护环境的基本国策，走可持续发展之路，为人类永续发展做出应有的贡献。绿色发展的社会主义政治经济学循环经济的"再发展"是创新发展、协调发展、绿色发展、开放发展、共享发展。"再发展"是循环经济前 7R 的归纳和总结，也是前 7R 的实现和归宿，它的完整意义是五大发展理念指导下的发展。

到此为止，我们已经完整介绍了绿色发展的社会主义政治经济学循环经济的内涵，但还没有分析绿色发展的社会主义政治经济学循环经济如何引领经济和社会发展；笔者认为，绿色发展的社会主义政治经济学循环经济从八方面引领经济和社会发展，下述文字即对其展开描述。

（一）循环经济经济观

改革开放以来，我们总结历史经验，不断艰辛探索，终于找到了实现中华民族伟大复兴的正确道路，取得了举世瞩目的成果。改革开放以来，我国经济社会发展取得了举世瞩目的成就，经济总量跃居世界第二，众多主要经济指标名列世界前茅。同时，必须清醒地看到，我国经济规模很大，但依然大而不强；我国经济增速很快，但依然快而不优。主要依靠资源等要素投入推动经济增长和规模扩张的粗放型发展方式是不可持续的。绿色发展的社会主义政治经济学循环经济的经济观，要求循环经济建设广泛吸纳国内、国外一切经济理论成果，广泛借鉴国内、国外经济建设的经验。与世界上其他国家，加强治国理政经验交流，共同推动工业化、信息化、城镇化、农业现代化进程，把握发展规律，创新发展理念，破解发展难题。同时，循环经济建设必须立足于中国的国情，在中国当前国情允许的情况下，充分挖掘循环经济建设的思路，开拓循环经济建设的新思维。绿色发展的社会主义政治经济学循环经济经济观要求在经济系统内部实现所有要素的循环，包括资本循环、劳动力循环、自然资源循环、知识的循环、信息的循环等。循环经济经济观要求最优配置一切资源，并实现可耗竭资源的跨代最优配置，从而实现现有技术水平条件下在生产可能性边界上进行生产，避免浪费与资源闲置，也保证实现在未来能够在更高水平的生产可能性边界上进行生产，实现资源自始至终的最优利用。要求实现各种资源在生产过程中的最优比例匹配，并随着科技的进步不断调整匹配比例。

绿色发展的社会主义政治经济学循环经济的经济观要求，市场在资源配置中起决定性作用，更好发挥政府作用。在市场作用和政府作用的问题上，要讲辩证法、两点论，"看不见的手"和"看得见的手"都要用好，努力形成市场作用和政府作用有机统一、相互补充、相互协调、相互促进的格局，推动经济社会持续健康发展。

第一，环境提供自然资源，包括原材料、能源、水源、土地等。自然资源可以被家庭拥有，以生产要素的形式提供给企业；自然资源也可以作为公共的资源由国家管理并提供给企业。

第二，环境提供非资源性投入品供家庭和企业无偿利用。包括阳光、空气、地球引力、月光、星空等。

第三，家庭和企业产生废弃物转入循环经济系统。包括空气污染、水污染、固体废物、遗失的热量、噪声污染。

第四，家庭为企业提供生产要素，并支付购买商品和劳务所需的货币。包括土地、资本、劳动、技术、知识、企业家才能等。

第五，企业为家庭提供商品和劳务供家庭消费，并支付给家庭要素收入。

（二）循环经济系统观

系统是由元素组成的有机整体。系统是由元素构成的，但不是元素的简单相加，系统中的元素是具有确定性的东西，这些东西在确定的结构中结成有序的态势，使得系统具有了超越性的功能，即系统的功能大于构成系统的所有元素功能的简单相加。系统是一个动态的具有自我调节功能的有机结构，一个大的系统又可以包括若干个子系统，子系统内部诸多要素之间、子系统与子系统之间、子系统与母系统之间都不是孤立的，存在着丰富多样的调节机制。同时，整个系统本身不是孤立的一个单位，系统与系统之外的世界存在着物质和能量的交换，系统外面的世界构成了系统的环境。科学发展观是一个观念的系统，是一个先进的系统理论体系。科学发展观，第一要义是发展，核心是以人为本，基本要求是全面协调可持续，根本方法是统筹兼顾。科学发展观作为观念的大系统，由发展、以人为本、全面协调可持续、统筹兼顾这些观念子系统有机构成。贯彻落实科学发展观，建设循环经济，必须以循环经济的系统观为思路，把循环经济建设成一个庞大的系统。把系统论引入循环经济，是落实科学发展观的内在要求，这不仅是科学发展观观念系统现实外在化的具体表现，更是科学发展观观念系统能够充分发挥理论功能的必然要求。把系统论引入循环经济，便构筑起循环经济的系统观，它是以系统的理论指导循环经济的建设。

循环经济建设就是要构建一个由人、信息资源、知识资源、自然资源、生产、消费、创新等构成的大系统。循环经济要建设庞大的系统，要求人与自然相统一，在天人合一思想指导下实现人与自然和谐相处，实现人的全面发展、社会的全面发展、自然界的全面发展。每一个人、每一个组织、每一份资源都是这个系统的要素，它们在不同层次的、各自的子系统中承载着不可或缺的功效，并以此支持着整个系统以最佳的状态运行。循环经济大系统隶属于地球生态系统一部分，它是包括物质和能量循环系统、知识和技术创新系统、信息反馈系统、反馈调节系统等在的内复杂系统。

循环经济系统隶属于地球生态系统，它从地球生态系统获取自然资源，经过开采和运输进入生产系统，然后产品经过储存和运输进入消费系统，在这个过程中不断地把废弃物输入运输通道，导入再循环、再利用、再资源化系统；经过循环再生后通过运输管道回归生产和消费系统；可自净无效物输送给自然环境自净系统，经过自然环境自净系统的自净之后，将用过的无害物质排入地球生态系统。物质和能量循环系统，是循环经济大系统的重要部分，但是单纯的物质和能量循环系统无法正常运转，需要借助循环经济大系统的其他子系统的协助配合。

物质和能量系统把运转过程中的具体信息通过信息传递系统传递给知识创新系统和技术创新系统，技术创新系统也把相关信息通过信息传递系统传递给知识创新系统。知识创新系统通过知识创新把管理改进知识通过反馈调节系统转化为物质和能量循环系统的管理改进反馈，把创新出的技术需要的基础知识通过反馈调节系统反馈给技术创新系统；技术创新系统利用物质和能量循环系统提供的信息和知识创新系统提供的反馈进行技术创新，并把更先进的技术通过反馈调节系统反馈作用于物质和能量循环系统。

（三）循环经济价值观

价值是相对于人类的存在与发展而言的，它是人类赋予的，离开人类存在的前提，价值就失去了意义。推进国家治理体系和治理能力现代化，要大力培育和弘扬社会主义核心价值体系和核心价值观，加快构建充分反映中国特色、民族特性、时代特征的价值体系。绿色发展的社会主义政治经济学要求以社会主义核心价值体系和核心价值观界定循环经济的价值观，就是要承认自然环境和自然资源的价值，从而明确最优利用资源，实现良性循环。培育和弘扬核心价值观，有效整合社会意识，是社会系统得以正常运转、社会秩序得以有效维护的重要途径，也是国家治理体系和治理能力的重要方面。循环经济不以快和多来判断好与不好，而是以是否实现最优利用，是否实现良性循环作为价值的判断。以这种价值观为指导，避免了传统工业将土地视为"取料场"和"垃圾场"，将河流视为"自来水"和"下水道"的错误观念，树立了构建良性循环的思想；在利用科技进步时，不仅要考虑其所产生的伟大创造力，而且要充分考虑它对生态系统的影响，它的引入是否会对生态系统产生破坏，是否符合长远的生态规划，从而避免破坏性技术的应用，保证新技术利用在环境允许范围内进行；在考虑人自身发展时，人已经不再是大自然的征服者，而是大自然的内在成分，每个人都立足于实现融于自然界的全面发展。

（四）循环经济生产观

中国将按照尊重自然、顺应自然、保护自然的理念，贯彻节约资源和保护环境的基本国策，更加自觉地推动绿色发展、循环发展、低碳发展，把生态文明建设融入经济建设、政治建设、文化建设、社会建设各方面和全过程，形成节约资源、保护环境的空间格局、产业结构、生产方式、生活方式，为子孙后代留下天蓝、地绿、水清的生产生活环境。传统工业经济的生产观念是最大限度地开发自然资源，最大限度地创造社会财富，最大限度地获取利润，也就是粗放型增长方式的生产观念；这种观念支配下造成了自然资源的浪费和对自然环境的污染。尊重自然、顺应自然、保护自然的理念要求我们必须抛弃传统的生产观念，确立绿色发展的社会主义政治经济学循环经济的生产观，充分考虑自然生态系统的承载能力，尽可能地节约自然资源，不断提高自然资源的利用效率，循环使用资源，创造良性的社会财富。在生产过程中，无论是材料选取、产品设计、工艺流程还是废弃物处理，都要求实行清洁生产。绿色发展的社会主义政治经济学循环经济的生产观是循环经济经济观在经济建设中的具体体现，是循环经济系统观中循环经济大系统的细化部分，是循环经济价值观的具体落实。

（五）循环经济消费观

加强能源资源节约和生态环境保护，增强可持续发展能力。坚持节约资源和保护环境的基本国策，关系人民群众切身利益和中华民族生存发展。必须把建设资源节约型、环境友好型社会放在工业化、现代化发展战略的突出位置，落实到每个单位、每个家庭。绿色发展的社会主义政治经济学循环经济消费观要求我们发现循环经济要求实现消费观的革命，要求每个人都合理消费，尽量节约。循环经济的消费观是建设资源节约型、环境友好型社会的消费观，要求每一个人把厉行节约作为美德，从节约每一滴水、每一粒米、每一度电等具体事情做起，逐渐形成整个社会的良好风气。国家采取各种有利于节约的政策，通过立法、行政及税收的方式对浪费行为进行约束。

循环经济的消费观是循环经济价值观在消费领域的运用，体现着绿色发展的社会主义政治经济学的理念要求。消费环节是循环经济大系统的重要环节之一，也是构成循环经济的必要环节；依据循环经济消费观的要求，必须从经济、文化、政治、社会领域同时展开针对性建设。这是一个庞大的系统工程，是社会主义核心价值体系和价值观的重要组成部分，由于篇幅的限制本文无法全面展开，这里仅以能源消费为例管窥循环经济的消费观。推动能源消费革命，抑制不合理能源消费。坚决控制能源消费总量，有效落实节能优先方针，把节能贯穿经济社会发展全过程和各领域，坚定调整产业结构，高度重视城镇化节能，树立勤俭节约的消费观，加快形成能源节约型社会。

（六）循环经济创新观

毫不动摇坚持和发展中国特色社会主义，坚持马克思主义的发展观点，坚持实践是检验真理的唯一标准，发挥历史的主动性和创造性，清醒认识世情、国情、党情的变和不变，永远要有逢山开路、遇河架桥的精神，锐意进取，大胆探索，敢于和善于分析回答现实生活中和群众思想上迫切需要解决的问题，不断深化改革开放，不断有所发现、有所创造、有所前进，不断推进理论创新、实践创新、制度创新。绿色发展的社会主义政治经济学循环经济创新观体现了中国特色社会主义的发展要求，是马克思主义的经济发展创新观，是基于经济发展的实际情况，依靠人民群众且锐意进取的创新观，通过不断推进理论创新、实践创新、制度创新而取得成效。

推动能源技术革命，带动产业升级。立足我国国情，紧跟国际能源技术革命新趋势，以绿色低碳为方向，分类推动技术创新、产业创新、商业模式创新，并同其他领域高新技术紧密结合，把能源技术及其关联产业培育成带动我国产业升级的新增长点。发展创新，是世界经济可持续增长的要求。单纯依靠刺激政策和政府对经济大规模直接干预的增长，只治标，不治本，而建立在大量资源消耗、环境污染基础上的增长则更难以持久。要提高经济增长质量和效益，避免单纯以国内生产总值增长率论英雄。各国要通过积极的结构改革激发市场活力，增强经济竞争力。可见，循环经济创新观鼓励有利于人与自然和谐发展的创新；它不局限于科学技术的创新，还包括思想创新、管理创新、组织创新、生活方式创新等所有领域内的创新；循环经济创新观要求最终实现整个社会的良性创新，以创新的方式构建生态文明的宏伟蓝图。

（七）循环经济自然观

马克思主义自然观是关于人与自然关系的正确观点和看法，是马克思主义哲学的认识论基础与组成部分。马克思主义自然观认为：自然界是物质的，物质是万物的本原和基础；运动是不灭的；意识是物质高度发展的产物；时间和空间是物质固有的属性和存在方式；自然界的一切事物和现象都是矛盾的统一体；自然界的一切事物都处于普遍联系和相互作用之中，处于运动和转化的过程之中；自然界不仅是指独立于人之外的自然界，而且包括经过人改造了的自然界，人按照自然规律创造出来的人工自然界。马克思"把经济的社会形态的发展理解为一种自然史的过程"，在这个历史过程中我们可以得出经济活动是人与自然关系的实质的结论。因为人要生存，要作为自然界的一个成分存在下去，就必须满足自己的需要，就必须进行生产活动，既必须同自然界相互作用，从而要求人类必须具有生产力，而生产力又以自然界提供的资源为源泉。

循环经济自然观是辩证唯物主义自然在生态文明时代的展现，这种自然观承认自然界本身及自然界中的一切事物有着从发生、发展到灭亡的历史趋势，不相信人类社会与自然界会永恒存在，循环经济的建设在自然发展史上是一个历史过程，在这个过程中实现了以人为主导的宇宙整体"熵"增加过程中有序结构的最佳建立。循环经济自然观吸收人类以往的一切自然科学文明成果，把生态学、系统论、热力学原理等引入经济系统研究之中，从而指导经济建设走上循环经济的道路。循环经济的自然观决定了循环经济大系统的建设是自然界固有规律的展现，它要求人们尊重自然规律，按照自然规律的原则办事，避免循环经济建设过程中的主观主义。

（八）循环经济全局观

科学发展观的根本方法是统筹兼顾。统筹城乡发展、区域发展、经济社会发展、人与自然和谐发展、国内发展和对外开放，统筹中央和地方关系，统筹个人利益和集体利益、局部利益和整体利益、当前利益和长远利益，充分调动各方面积极性。统筹国内国际两个大局，树立世界眼光，加强战略思维，善于从国际形势发展变化中把握发展机遇，应对风险挑战，营造良好国际环境，既要总览全局、统筹规划，又要抓住牵动全局的主要工作、事关群众利益的突出问题，着力推进，重点突破。循环经济全局观就是在循环经济建设过程中贯彻落实科学发展观统筹兼顾的根本方法，依靠统筹实现循环经济大系统的良性运转。

20世纪80年代后，全球性环境问题开始被广泛关注，气候变化、臭氧层破坏等已经被广泛关注，解决全球性环境问题，国际性合作迫在眉睫。循环经济全局观也要求开展积极有效的国际经济合作，充分发挥联合国、世界贸易组织等国际组织的作用，为全人类的可持续发展开展卓有成效的工作。循环经济的全局观要求循环经济的建设必须在全世界共同开展，孤立的国家单独的循环经济建设解决不了全人类的环境问题。这是一个全方位、多层次的统筹过程，也是全方位、多层次的制度建设过程。对于全人类来讲，要实现可持续发展必须建立属于全人类的循环经济，从这个意义上说，循环经济的全局观是促使循环经济能够在全人类意义上推进的根本思路。

第三节　低碳经济

低碳经济是通过更少的自然资源消耗和更少的环境污染，获得更多的经济产出；低碳经济是创造更高的生活标准和更好的生活质量的途径和机会，也为发展、应用和输出先进技术创造了机会，同时也能创造新的商机和更多的就业机会。低碳经济是低碳发展、低碳产业、低碳技术、低碳生活等一类经济形态的总称。

它以低能耗、低排放、低污染为基本特征，以应对碳基能源对于气候变暖影响为基本要求，以实现经济社会的可持续发展为基本目的。低碳经济的实质在于提升能源的高效利用，推行区域的清洁发展，促进产品的低碳开发和维持全球的生态平衡。这是从高碳能源时代向低碳能源时代演化的一种经济发展模式。

低碳经济是指碳生产力和人文发展均达到一定水平的一种经济形态，是为了应对全球气候变暖而提出的一种经济发展模式。低碳经济发展模式要实现低能耗、低污染、低排放和高效能、高效率、高效益。中国改革开放以来的高速经济增长带来了中国经济发展环境的巨大变化，中国经济发展已经进入一个全新环境，资源和环境约束的硬化是中国经济增长面临的最大挑战。在考虑低碳经济约束的条件下，未来中国的潜在增长速度将逐步降低，现有生产模式不足以吸收减排冲击。中国须在资源与环境问题的巨大压力下铸造中国梦，建设美丽中国。然而，动态分析表明，经济对能源的刚性需求使得二氧化碳排放量持续增加。实现经济增长方式转变，须发展低碳经济。中国需要在保障经济发展的前提下，进行经济转型和碳减排。

坚持节约资源和保护环境的基本国策，坚持节约优先、保护优先、自然恢复为主的方针，着力树立生态观念，完善生态制度，维护生态安全，优化生态环境，形成节约资源和保护环境的空间格局、产业结构、生产方式、生活方式。要正确处理好经济发展同生态环境保护的关系，牢固树立保护生态环境就是保护生产力、改善生态环境就是发展生产力的理念，更加自觉地推动绿色发展、循环发展、低碳发展，决不以牺牲环境为代价去换取一时的经济增长。强调在方针、理念、制度、结构、格局等框架下，自觉地推动绿色发展、循环发展、低碳发展。基于这一系统、完整的思路，绿色发展的社会主义政治经济学探索低碳经济的建设。

一、低碳经济建设的理论

（一）内生经济增长是绿色发展的社会主义政治经济学低碳经济建设的理论基础

随着我国经济社会发展不断深入，生态文明建设的地位和作用日益凸显。把生态文明建设纳入中国特色社会主义事业总体布局，使生态文明建设的战略地位更加明确，有利于把生态文明建设融入经济建设、政治建设、文化建设、社会建设各方面和全过程。内生经济增长把资本积累、政府政策、收入分配、环境保护与科技进步等融入经济发展的系统之中，全面、细致、科学地探讨内生要素与经济增长之间的关系，为科学地开展低碳经济建设提供理念指导。

绿色发展的社会主义政治经济学把内生增长作为重要的理论依据，是内生增长理论自身的完善、信息化时代的技术保障、影响经济发展因素的多样化与复杂性等多个维度共同要求与决定的；绿色发展的社会主义政治经济学需要采集全面的数据多变量内生增长模型解释经济现实，模拟经济规律，从而寻找最优发展路径，切实指导低碳经济建设。随着物联网技术的发展与应用，内生增长模型可以采集更为丰富的数据，也为绿色发展的社会主义政治经济学的低碳经济建设提供了更为优异的理论指导。同时，内生增长理论也表明，来自经济体内部生产要素的有机结合、相互作用是可以为实现低碳经济做出有效指导的；依靠拉动内需、增加社会资本、增加 R&D 投入可以实现经济和社会的绿色发展。

（二）人与自然和谐所创造的社会资本是绿色发展的社会主义政治经济学低碳经济建设的重要理念

我们追求人与自然的和谐、经济与社会的和谐，通俗地讲，就是要"两座山"：既要金山银山，又要绿水青山。这"两座山"之间是有矛盾的，但又可以辩证统一。可以说，在实践中对这"两座山"之间关系的认识经过了三个阶段：第一个阶段是用绿水青山去换金山银山……第二个阶段是既要金山银山，但是也要保住绿水青山……第三个阶段是认识到绿水青山可以源源不断地带来金山银山，绿水青山本身就是金山银山，我们种的常青树就是摇钱树，生态优势变成经济优势，形成了一种浑然一体、和谐统一的关系。这一阶段是一种更高的境界，体现了科学发展观的要求，体现了发展循环经济、建设资源节约型和环境友好型社会的理念。以上这三个阶段，是经济增长方式转变的过程，是发展观念不断进步的过程，也是人与自然关系不断调整、趋向和谐的过程。因而，必须实现人与人的和谐、人与自然的和谐，人与人的和谐是社会和谐，人与自然的和谐是生态和谐，它们都是实现绿色发展的客观要求。马克思在《资本论》中提到"社会总资本"的概念，他指出，社会总资本是相对于个别资本而言的，是指社会中所有个别资本的总和。马克思的"社会总资本"概念仅仅指的是经济资本，随着经济和社会的发展，经济资本不足以解释日益丰富的社会现象，"社会资本"的概念便产生了。如果个人和他的邻居相互接触和交往，就会形成一定的社会资本积累，这些社会资本也许能直接地满足个人的社会需求，或者可能具有一种潜力，足以使得整个社区的居住环境得到实质的改善。社会资本是从人与人之间的和谐所提升的幸福感的角度来阐释的，还没有涉及人与自然的关系。随着信息化时代的到来，人与人之间交往的渠道日益广阔，人与人交往的网络日趋丰富，基于此，社会资本概念的核心主要包含网络资源、相互信任、合作行为三方面，认为社会资本就是基于网络过程所形成的行为规范和人们之间的信任，它们能促成产生好的社会和经济效果。在信息化时代，地球已经成为小村落，人与人之间的联系多样化、虚拟化、及时化、即时化。社会资本的增加集中体现在网络渠道可信度的增加、网络内成员责任感的增加及网络内成员彼此信任的增加。推进绿色发展需要不断培育社会资本，不断增加社会资本的存量，随着社会资本存量的增加，人的全面发展程度也会增加，人的幸福感会增加。在人化的自然遍及全球扩展到太空的时代，人类的生产力水平已经促使人类成为自然界的主人，并成为大到太空小到微观粒子的开拓者，人类有能力改造自然，也有能力破坏自然。在这种情势下，必须在社会资本的构成中强化人与自然和谐相处的成分，并使之成为时代的主旋律，也就是人与自然和谐的社会资本增长必须成为主旋律，它是绿色发展的社会主义政治经济学低碳经济建设的重要理念。

（三）绿色发展的社会主义政治经济学的低碳经济建设需要有效的国家治理作为保证

我国在不断完善国家治理，并把推进国家治理体系和治理能力现代化作为全面深化改革的总目标。国家治理要充分发挥市场和政府两者的作用，要讲辩证法、两点论，"看不见的手"和"看得见的手"都要用好，努力形成市场作用和政府作用有机统一、相互补充、相互协调、相互促进的格局。以亚当·斯密（Adam Smith）为代表的古典自由主义经济学家认为，在完全竞争的市场经济下，理性自私的个体追求个人利益时，市场机制这只看不见的手能够引导整个经济体有效运行，并实现整体福利最大化。然而，20世纪30年代资本主义世界普遍的大危机彻底摧毁了古典自由主义经济学家的理念，经济学家认识到，市场机制虽然是配置资源的好方法，但不是万能的，会存在配置资源失效的情况，即市场失灵。美国经济学家凯恩斯（Keynes）推翻了"看不见的手"的原理，他认为国家需要干预经济，以实现充分就业和经济增长；他认为仅依靠市场机制不能实现经济均衡发展，政府的有效干预是经济得以正常运行的保障。后来的经济学家总结了市场机制失灵的原因在于自然垄断、信息不对称与外部性的存在。当前，低碳经济建设迫在眉睫，其根本原因就是人类工业文明以来的经济发展所造成的负的外部性，也就是工业文明所产生的二氧化碳排放及二氧化碳排放的累积影响到人类的生存环境。绿色发展就是要改变这种以碳排放增加为特征的经济发展，就是要消除以负的外部性为特征的市场失灵。政府有效的管制可以使环境保护、产品质量与安全、卫生健康等方面取得最好的效果。美国经济学家罗伯特（Robert Merton Solow）基于政府管制的实践，开创了政府管制经济学，促进了政府管制经济理论与管制实践的结合，从而使政府管制具有了卓越的理论指导。在信息化时代建设低碳经济需要政府有效的管制，这是绿色发展的要求，绿色发展要求政府管制是不断进步、不断发展的理论与实践，不能墨守成规经典理论，必须结合信息化的最新成果，采用最先进的管理技术和手段，并使管理技术和手段不断取得创新。

二、基于绿色发展理念的低碳经济建设路径

内生经济增长理论与实践、人与自然和谐的社会资本增长、有效的政府管制模式作为绿色发展理念的要素作用于低碳经济建设的全过程，可以拓展低碳经济建设的路径。

（一）基于绿色发展理念的低碳经济建设最重要的是碳减排

基于绿色发展理念的低碳经济建设依靠提高资源的效率来实现碳减排。五大发展理念推动生产力前进，生产力前进之后推动低碳经济建设得以进行，尤其表现为逐步实现碳减排。

五大发展理念推动生产力前进，是基于以往人类不断探索、研发、实践而取得的生产力成果。绿色发展要求从科技创新、企业管理创新、政府管理创新、整体动态规划四方面入手实现产业结构升级，提升风能、水能、太阳能、核能与可再生生物能在整体能源结构中的比例，不断实现能源优化。科学技术是第一生产力，科技创新是产业结构升级的重要动力来源，没有科技创新作为后盾，产业结构升级就苍白无力；因此，国家必须加大科技投入力度，积极鼓励科技创新，增加自然科学基金与社会科学基金的支持力度，保护知识产权，改善科技创新的环境。企业管理创新必须立足于最先进的科学技术，吸收最先进的管理理念，培育科学的企业文化，把互联网、物联网、以人为本等体现当代科技特色与五大发展理念的成果纳入企业流程优化与再造的系统过程之中，不断使企业管理水平得以提高，能有效地适应动态的经营环境，在全球化与世界经济一体化的进程中实现企业自身的绿色发展。政府管理创新必须立足于五大发展理念，实现以人为本、以服务于微观主体为导向、以创新提高工作效率、以学习型组织提升各级政府的知识结构和知识管理，从实施政府成为高效率的政府、有效政策制定者、危机高效处理者、前进方向的规划者、整体利益的提升与保护者、公民个人利益的提供与保护者、先进理论的运用者等，只有这样，政府作为现代经济发展所需要的"看得见的手"，才能有效制定各种政策措施，实现有效的宏观调控与有效的环境管理。整体动态规划是整个经济体系内生增长的最优规划，它需要政府、企业、非营利组织及个人共同参与设计和实施，企业、非营利组织及个人需要及时准确

地为政府提供数据,政府利用最先进的数学工具,利用计算机处理数据,并基于合理有效的数据分析制定各种有效的政策,由企业、非营利组织及个人去实施。科技创新、企业管理创新、政府管理创新与整体动态规划的协同作用,促进了产业结构升级,这是一个渐进的长期过程。

绿色发展借助科技进步提升生产力水平,不断改善风能、水能、太阳能、核能、可再生生物能的利用方式,提升这些清洁能源的利用效率,降低这些清洁能源的利用成本,从而不断改善能源结构,减少可耗竭化石能源的利用率。这个过程也是渐进的,随着清洁能源占能源比例的提高,可耗竭化石能源所占的比例不断下降,最终可耗竭化石能源被清洁能源彻底取代。在这个过程中,碳减排得以实现,当清洁能源彻底取代了可耗竭化石能源,依赖于碳的排放的产业就仅剩下建筑业了,目前建筑业是碳密集混凝土与钢材结合体。随着绿色发展,依赖于水泥浇筑与钢铁的建筑业会找到替代的方式,从而避免建筑业产生大量的二氧化碳。产业结构优化与能源结构优化共同构成了内生经济增长的全部内涵,实现内生经济增长的过程也就是低碳经济的建设过程。

(二) 低碳经济建设需要科学地进行碳捕获与碳封存

人类的技术能够支持人类把大气中的二氧化碳进行有效的捕获,并实现必要的封存。碳捕获与碳封存(Carbon Capture and Storage,CCS)是将人类排放到大气中的过量的二氧化碳捕获后进行封存,从而维持大气中正常二氧化碳浓度。CCS通常包括二氧化碳的捕获(Capture)、运输(Transportation)、注入(Injection)和封存(Storage)四个技术流程。《联合国气候变化框架公约》将碳汇(Carbon Sink)定义为"从大气中清除二氧化碳的过程、活动或机制",CCS是通过碳汇来实现的。目前来看,人们可以想象的CCS技术有如下种类:

碳汇实现的方式可以分为生物碳汇、物理碳汇和化学碳汇。生物碳汇是利用自然界的生物进行光合作用,从空气中有效地吸收二氧化碳,并实现有效的封存。生物碳汇可以分为海洋生物碳汇与陆地生物碳汇。海洋生物碳汇是利用海洋浮游生物的光合作用吸收二氧化碳,并进行封存的办法。由于缺乏铁等特殊营养成分,浮游生物难以大量地生长。从大气中除去二氧化碳的一个方法是向海洋添加营养素,这个方法能够开发海洋中营养丰富的区域封存二氧化碳的潜能,为缺乏铁的区域提供大量铁，刺激浮游生物的繁荣，约束碳分子，最终将其固定在深邃的海底。陆地生物碳汇主要包括植被碳汇和林业碳汇。植被碳汇通过草原植被或大田作物植被的碳储存来实现，通过深耕可以实现大田作物进入土壤实现有效碳封存，草原植被也可以进行封存处理。林业碳汇通过对树木的封存处理得以实现，可以把林木碳化存于地下或土壤中实现长期封存。利用林木的成长捕获大气中的二氧化碳，并实现碳封存是一个行之有效的方法，通过含有气候政策的全球能源经济气候模型的研究表明，林业是减排的决定性力量，能够极大地减少成本，可以以大约为 11 亿美元林业管理的总成本，换取 30 亿美元低碳经济建设收益。有效的森林碳汇管理是 CCS 已经实行的方式。创新性的土壤封存法不仅使碳远离大气，而且可以解决土壤退化问题。结合产业结构升级，我们可以通过把森林产生的木料进行有效的防火处理并用于建筑，适度替代钢筋水泥结构，也可以达到碳封存的效果；如果在木材抗燃烧方面取得技术突破，抗火木质用于建筑业就可以成为低碳经济的重要构成。

物理碳汇需要以海洋为基础脱除二氧化碳，这只是一种可能的方法，还没有有效实现操作。这种方法是用人为操纵洋流循环方式以提高深海封存大气中碳的速度。通过竖管把深处海水抽到海洋表面，提高上涌的速度并推动近极地海洋中高密度海水的下涌。有效的化学碳汇方法是利用人工二氧化碳收集器，这一人工收集器模仿绿色植物封存二氧化碳的能力。这一流程是由美国哥伦比亚大学地球研究所的科学家根据鱼缸过滤技术开发的，称为"空气捕获"技术，可以把二氧化碳从空气或烟囱中脱除，注入特定的地理构造中，目的是重新创造两个自然过程的联合效应：像植物光合作用那样从空气中抽取二氧化碳，形成方解石和白云石，把碳分子封存数百万年。

（三）绿色发展的低碳经济建设需要全球范围统筹碳贸易

基于全球范围统筹碳贸易是人类科学发展的必由之路，它需要在各国公民、各国国内组织、各种国际组织中普遍建立人与自然和谐，同时各国政府负起责任，承担制定有效碳贸易政策的职责。国际上须建立起有效的法律及其运行机制，包括对各国碳减排的准确监督，对各国政府有效地实施环境保护的监察，对政府监管不力造成森林火灾等严重碳排放事件进行惩罚等。人类建设有效的碳市场需要超越国家权力的国际机构发挥重要作用。

第四节 绿色经济

"绿色经济"是由美国经济学家迈克尔·皮尔斯（Michael Pearce）于1989年出版的《绿色经济蓝皮书》中首先提出来的。在经济学界，绿色生产、绿色消费、绿色分配、绿色技术此起彼伏，使绿色经济成为经济学界研究和讨论的热点命题。绿色经济是可促成提高人类福祉和社会公平，同时显著降低环境风险与生态稀缺的经济。直白地说，绿色经济可视为一种低碳、资源高效型和社会包容型经济。绿色经济的理念源于环境经济学，它是一种全新的经济发展模式，在绿色经济发展模式下，物质财富的实现不再以环境风险、生态稀缺和社会分化为代价。当前，人类面临气候变迁、生物多样性锐减、可耗竭资源趋于匮乏、粮食短缺等危机，加上金融体系存在的弊端还没有解决，这个世界存在经济危机的可能性。仅从人类必需的淡水资源来看，淡水稀缺已成为一个全球性问题，淡水年需求量和可持续淡水供应量之间的缺口将日益扩大。人类的发展要求我们所选择的路径必须能保持、增强自然界的财富，并在必要时重建那些重要的具有公共惠益性的自然界性状，如森林、草原、湿地等，从而能够缓解人与自然的矛盾，而这种路径就是绿色经济建设。

如果说在美国的话语体系中，绿色能源和绿色金融是绿色经济的代名词，那么在欧盟和日本的话语体系中，绿色经济是以绿色技术体系为物质基础，以改善环境问题为价值基础的经济形态。它要求企业从选择生产原料开始，到加工生产的每一个工艺阶段，再到销售场地的每一个环节，都要考虑用绿色技术体系来处理。绿色技术是能减少污染、降低消耗、治理污染或改善生态的技术体系，是由相关知识、能力和物质手段构成的动态系统。绿色技术的结果是承载环境价值的绿色产品，其功能特色是保护环境和改善生态。在英国话语体系中，绿色经济和低碳经济首先是一种绿色的生产方式，是那种与"碳捕获和碳埋存技术（CCS）"相关的生产方式；英国早已充分意识到碳捕获与碳埋存技术对于在世界范围内实现温室气体控制目标所能够起到的关键作用。因此，低碳经济与绿色经济之间有着紧密的内在联系。用绿色金融导引绿色经济和低碳经济的发展，是发达国家，特别是美国振兴经济和提高其在全球的竞争力的主要政策手段。绿色经济有两种含义：一是变金融"危机"为发展低碳经济的"机会"；二是把"绿色金融"不仅作为导引"新能源技术（设备）贸易"和"绿色产品贸易"的令旗，而且作为重构未来世界金融体系的突破口。绿色发展的社会主义政治经济学以绿色发展理念为核心，坚持马克思主义立场、观点和方法，运用扬弃的方式吸收和借鉴人类社会的一切优秀理论成果，丰富和发展自己的理论体系，从而能够正确处理好经济发展同生态环境保护的关系，牢固树立保护生态环境就是保护生产力、改善生态环境就是发展生产力的理念，更加自觉地推动绿色发展、循环发展、低碳发展。

　　循环经济是绿色经济和低碳经济生产方式。循环经济的要义是在人、自然资源和科学技术的大系统内，在资源投入、企业生产、产品消费及其废弃的全过程中，把传统的依赖资源消耗的线型增长经济，转变为依靠生态型资源循环来发展的经济。因此，循环经济作为一种新的经济形态，其特征在于它是节约型经济和环境保护型经济。循环经济还是一种新的生产方式，它是那种运用生态学规律和经济规律来指导人类社会的生产方式。从经济层面上看，循环经济的实质是以尽可能少的资源消耗和尽可能小的环境代价实现最大的经济效益和社会发展福利的生产方式，也是符合科学发展、可持续发展、绿色发展的经济模式。循环经济是绿色经济和低碳经济可持续发展的经济方式。如果说低碳经济作为应对气候变暖最有效的经济方式是高碳工业化时代最具有特征的可持续发展的经济方式，那么循环经济作为以节约型和环境友好型为特征的经济方式，就成为即便在低碳经济时代也能适应可持续发展的经济方式。如果说绿色经济作为应对高碳工业化时代灰色经济的一种最适合人类生存的生态经济，那么循环经济就是构建这种绿色生态经济的方法或实现这种环境的路径。人类经济历经工业化、信息化之后，正在走向以"低碳为核心"的"绿色经济"。具体地说，除了要构建以低碳为主的经济结构，加速传统产业转型和新产业崛起，实现能源产业的清洁绿色之外，还需要整个制造业特别是资源加工业，全面推广循环经济的生产方式，否则低碳经济和绿色经济不能实现。网络安全和信息化是事关国家安全和国家发展、事关广大人民群众工作生活的重大战略问题，要从国际国内大势出发，总体布局，统筹各方，创新发展，努力把我国建设成为网络强国。鉴于网络的重要性与绿色经济内涵的要求，即"绿色经济"是可促成提高人类福祉和社会公平，同时显著降低环境风险与生态稀缺的经济。从基于网络发展的视角探讨绿色经济建设不仅具有与时俱进的性质，而且是时代发展的客观需要，同时也彰显了绿色发展的社会主义政治经济学的时代特征。

在生态文明建设的今天，人们已经离不开网络结构，绿色经济建设也必须基于网络的发展。网络结构在各种各样的经济关系中起着重要的作用。通过正式的网络可以实现相关信息共享，可以对生产率产生显著影响。随着人类的不断进步，网络结构不断发生革命性的变化，互联网的诞生使得人类社会的联系网络更为广泛、迅速，人与人之间、组织与组织之间、人与组织之间的联系更加密切，信息传递的方式也随之发生了革命性改变，信息传递的速度越来越快，信息量的承载能力也与日俱增。物联网是继计算机、互联网、移动通信网之后信息产业的又一个重大里程碑，物联网将催生新兴战略性产业，加速推进各国绿色经济建设与社会发展转型。网络的发展将伴随着绿色经济建设的全过程，互联网在当今世界已经广泛普及并继续发展，物联网则是未来网络发展的模式，它对绿色经济建设将起到重要的作用。

一、网络结构与绿色经济建设的关联分析

（一）网络结构的解析

20世纪80年代以来，科学技术迅猛发展，带动了信息化技术的迅速推广，网络组织作为一种新型的组织结构在发达国家兴起并发展。尽管网络组织有各种各样的形态，但随着信息技术的发展与普及，组织结构逐渐超越了简单网络组织的范畴，组织结构的立体多核网络模型 MMKN 产生了。立体多核网络模型 MMKN 对人类社会现实世界中一切组织中的具有共性的成分进行抽象描述，通过找出网络中的"核心要素"并依据其固有特性来把握组织行为的基本走向。通过网络功能起不同重要作用的动态节点，借助其相互作用关系构成多个层级的立体空间网络。将任意系统或组织抽象为网络（节点表示元素或成员，边表示元素或成员之间的互动关系）进行研究时，如果该网络满足下面四个假设，则该网络为立体多核网络。任何经济的建设都离不开由人构成的组织，绿色经济建设同样依

赖人类最新的组织结构来展开。当今时代，立体多核组织结构借助互联网技术，整合传统的组织结构于一个有效的系统之中，集中体现了计算机技术对网络组织性能的提升，是组织结构发展的方向。网络型结构是人们当前探讨的网络型组织、自设计组织、基于信息组织、群体型组织和后工业化组织的一个统称。依据网络组织系统子系统及子系统内部诸要素所具有的不同功能结构，以及依赖结点的数量、性质、联系方式、网络组织环境及相对于信息技术的依赖程度等诸多因素，可以将网络组织的典型模式分类如下。①企业内部网络组织。跨国公司的内部组织结构是最典型的企业内网络组织。②联盟型网络组织。这种组织由两个或两个以上的企业构成，他们为达到共同使用资源、共同分享市场等共同战略目标，以契约或股权等方式作为连接纽带，构造共担风险、优势互补的网络组织。③虚拟组织。虚拟组织。是一种有别于传统组织的以信息技术为支撑的人机互动的一体化组织形式，其特征以现代信息存储技术、智能产品、通信技术为依托，实现并超越传统组织结构的职能与目标。在形式上，超越了地理空间的局限，也规避了时间的限制。组织成员通过共同价值观及高度自律行为模式实现共同目标。④中小企业网络组织。中小企业网络组织指很多处在同一供应链中，有相互联系但又各自独立的中小企业，为了实现在生产经营上的特定需要，建立信任关系，借助承诺或契约而确定相对稳定的交易关系。⑤WEB 公司型网络组织。WEB 公司型网络组织指利用互联网络与先进的数字化传媒技术，把商业活动中各种行为主体关联起来，借助电子商务的形式衔接于一个共同结点的企业组织形式。这是互联网络环境下电子商务的一种崭新模式，也是电子商务发展的具体表现。⑥立体多核网络组织结构。立体多核网络组织结构指依赖互联网技术，融合矩阵制和 M 型组织结构的优点，依托互联网平台，构造组织内外环境相互联系的有机的网络组织结构。

（二）与绿色经济建设的关联

互联网已经融入社会生活的方方面面，深刻改变了人们的生产和生活方式。我国正处在这个大潮之中，受到的影响越来越深。互联网的有效连接，使得各种网络结构具备了有效性，能够基于互联网进行有效的信息沟通，并发挥其功能。

绿色经济建设不能脱离基于人的有效的网络结构，支撑绿色经济建设的网络包括社会文化网络、教育网络、知识网络、信息网络、人力资本网络、人力资源网络、组织网络、自然资本网络、自然环境网络、物流网络、物联网络。网络结构与绿色经济的关联体现了人类社会发展的本质要求。绿色经济不可能离开由人构成的网络结构而得以建立，而由人构成的网络结构又是绿色经济得以建立和发展的物质基础、信息前提、组织保证。

社会文化是人类在生产生活过程中创造出来，并与人类的生产生活密切联系的，可传承的精神财富与精神活动的总和。人类的社会文化是人类所特有的精神存在方式，它一方面是文化创造，另一方面是文化传承，两者缺一不可。在绿色经济建设过程中，人类必须创造绿色经济的文化，让人类社会中的每一个成员的精神世界里都有绿色经济的理念，并广泛传播、世代传承。社会文化网络遍及范围从文化创造到文化传承，可以跨过时空，借助各种媒介广泛传递绿色经济理念，是绿色经济建设得以有效运行的精神保障。

教育网络不仅可以促进社会文化中绿色经济理念的形成，更能促进其在人类社会广泛普及。有关绿色经济的教育网络涵盖学校教育与社会教育两部分内容，涉及学前儿童教育、小学教育、中学教育、高等教育、成人教育等。教育是绿色经济被人类接受的重要保证，教育网络则是绿色经济教育得以实施的前提。

知识网络是人类知识创造的模式，它使得当代人可以基于前人的知识成果进行创新。绿色经济的普及与传承离不开绿色经济知识的丰富与创新，绿色经济知识管理有赖于相关的知识网络的建立与发展。绿色经济的建设必须有相关的信息传递，信息网络的完善势在必行。信息网络是人类社会信息产生、传递、甄别、筛选、接受等环节构成的信息传播网络的总和，随着人类文明的演进，信息传播方式多元化，传播速度越来越快，传播广度越来越大。

人力资本是指劳动者接受教育、培训、实践经验、保健等方面的投资而获得的技能与知识的积累所创造的适应社会发展的高素质人才的总和。绿色经济的建设需要全人类进行人力资本的培育，需要基于社会文化网络、教育网络、知识网络与信息网络，打造人力资本网络。基于人力资本网络可以为人类社会培育出绿色经济建设所急需的人力资源，而这种人力资源在全人类社会实现最优配置就需要建立有效的人力资源网络。

组织网络是人类社会各种组织与个人之间、组织与组织之间架构起来的网络总和，它囊括组织与组织之间、人与人之间、人与组织之间的网络架构。自然资本是自然生态系统所提供的各种财富，例如金属矿产、能源、农业耕地、森林、草原、湿地等。把自然界提供给人类的各种财富用网络连接起来，就构成了自然资本网络，这是绿色经济建设的必然要求，也是人类最优配置自然资源的前提保障。人类不仅要构建自然资本的网络，还需要对自然资本之外的自然环境进行有效的监督、控制、优化，因此需要建设自然环境网络。

物联网络是人类社会物质产品基于信息化而实现动态监控的流通网络，它要求物流环节实现低碳环保的绿色物流模式。物联网络把人类社会的物质财富连接起来，构造即时监控系统，为绿色经济建设提供技术、信息等支撑。物联网络连接了自然资本、自然环境与人类产品，构成动态即时监控体系。

历史逻辑网络规范了绿色经济的历史性，当代的绿色经济只能基于当代人、当代科技，只能基于当代的社会构成，不能企图跨越时代的局限而建设绿色经济；历史逻辑网络要求绿色经济的网络沿着历史的逻辑前行，不能超前也不能滞后。

二、互联网络对绿色经济发展的推动分析

我们今天处在互联网络时代，互联网络包括计算机网络、有线电视网络、移动通信网络等，而狭义的互联网络则专指计算机网络。我们所说的互联网络并不局限于计算机网络，它是一切基于现代信息化技术的网络总和。互联网络对绿色经济建设起到了重要的推进作用，主要表现为如下几方面：

（一）互联网络为绿色经济建设提供信息支持

从人类信息传播的发展历史来看，信息的传递速度曾经是一个非常重要的指标，早前信息传递工具落后，这从根本上限制了信息传播的速度与范围。随着交通工具的改进与通信技术的发展，在当代，信息传递速度已经成为次要的因素，而信息的大容量传输却成了信息传递的焦点。当代互联网络逐步改善信息传递的流量，并在信息传递的最大可能性上支持着绿色经济的建设。

在绿色经济建设过程中，联合国环境规划署的国际组织、国家绿色经济建设中心、国家绿色经济研究中心、国内绿色经济促进非政府组织、生态文明发展研究机构、地区性绿色经济建设机构、地区性绿色经济研发机构等基于互联网，实

现了及时的信息传递，并在有效协议框架下实现信息共享。这种基于互联网络的信息交流系统，从国际交流与合作、研究与开发、资源协调、建设规划、具体实施等多个方面促进了绿色经济的建设。

（二）互联网络支撑政府推动绿色经济建设

绿色经济不仅会促进经济增长，特别是自然资本方面的增长，而且会推动国内生产总值包括人均生产总值的增加；绿色经济认可自然资本的价值并对自然资本投资；在向绿色经济过渡的过程中，新的就业机会将不断涌现，最终超过从"褐色经济"中失去的工作岗位数量；绿色经济有助于减少贫困；在将政府投资和支出优先投入可刺激经济部门的绿色转型领域方面，人类正处在一个十字路口；绿色经济转型所需的融资规模是巨大的，但其数额小于全球年度投资额；迈向绿色经济的步伐正在以前所未有的规模和速度展开，预计将产生的增长和就业至少相当于常规情景下的发展，甚至超过常规情景，中长期的经济表现更是如此，同时可明显地带来更多的环境和社会效益。可见绿色经济建设把可持续发展、自然资本增益、全球经济增长、摆脱贫困、扩大就业、价值理念转变等诸多要素统一起来，为人类社会的发展构筑宏伟蓝图。联合国与各国政府需要借助互联网络的支撑来完成绿色经济建设的信息交流与共享。在绿色经济建设中各国政府不能只做经济发展的监督者、管理员，而必须成为绿色经济建设的参与者。当然这种参与并不是否定市场经济的地位，而是在市场经济的基础上借助互联网进行的经济调控，是有效的、及时的、动态的政府规制。

（三）互联网络支撑绿色经济建设组织创新所需知识

互联网络能够快速聚合和发挥人类集体创造力，知识创新速度明显加快，同时也意味着知识折旧速度加快。在绿色经济建设过程中需要不断借助新知识来促进绿色经济建设的水平提升，因此对于从事绿色经济建设的各种组织来讲，知识创新就势在必行，特别是有关绿色经济的研发机构，必须实现针对绿色经济建设的有效的知识管理。

绿色经济建设组织通过互联网络获取资料，经过有效的知识管理把资料提升为资讯，进一步把资讯开拓为新知识，并把新知识转化为绿色经济建设的智慧。

绿色经济知识即是将信息和数据做有用的推理，以便能积极地提高绩效，解决问题，制定决策的新原理、新方法、新技能等的总和。知识管理与绿色经济知识创造必须基于互联网络才能获得有效的资料，互联网络是知识创造的前提和基础。绿色经济知识管理中的资料（data）是与绿色经济组织相关的基本数据、图表、文字材料等，是与绿色经济组织相关的客观事实和对象的记录。材料可以来源于数学计算的结果、实验数据、互联网搜索到的文字与数据、杂志发表的科研成果、各种网站提供的资料、图书馆收藏的著作等。借助互联网络，绿色经济组织可建立有效的知识管理路径，并从资料中选出有价值的信息（information）。这个过程是基于绿色经济组织现有的组织能力来完成的，是一个不断进行的日常程序，随着组织能力的提升，甄别与筛选的能力也会提升。信息是经过绿色经济组织相关人员处理过的数据，对绿色经济建设组织具有价值但尚无具体指导意义。在知识管理过程中，信息只是阶段性的存在方式，之后基于现有组织能力所操控的知识管理路径对信息进行有效整合与有机化，这样提升了信息的生机与活力，就转化为绿色经济知识（knowledge）。在知识管理中，绿色经济知识来自整合的信息，是具有行动效力的物质的或精神的存在方式，是能够立刻运用的一些模式、法则与程序。在现有组织能力再次作用下，知识管理路径把绿色经济知识进一步升华，使绿色经济知识成为具有创造价值的能力，这种绿色经济知识就是智慧（wisdom）。智慧一旦形成就会注入组织的机体之中，并与原来的组织能力进行整合，提升了组织能力。

（四）物联网对绿色经济建设的作用分析

进入网络时代以后，人们即便远隔千里，也能通过互联网实现信息交流，从信息传播角度来看，世界已经成为小小的地球村。物联网技术借助信息传感设备，将生产设备、交通设施、家居装饰、消费产品、自然资本、自然环境等连接到互联网，从而完成智能化识别。物联网将客观存在的实体性物质世界与客观存在的电子逻辑的互联网整合成统一、有机的网络体系，它是一种不断发展、日益完善并迅速普及的技术。物联网技术可以遍及智能交通、环境管理、政府行政、公共安全、消防、家居生活、医疗护理、个人健康、产业监测等诸多领域。在绿色经济建设的过程中，物联网势必发挥积极有效的促进作用。

　　物联网通过在社会经济领域的运用以推动绿色经济建设。按照当前的技术水平，物联网应用于绿色经济建设相关领域包括智能工业、智能农业、智能物流、智能交通、智能城市等。在物联网发展过程中，工业生产领域是物联网应用的重要领域之一，各类识别终端具有敏锐的环境感知能力，基于云技术的计算模式、移动信息传输方式等不断融入工业生产过程的各个环节之中，进而在最大限度上提高生产效率，降低生产成本，减少原材料的消耗，改善产品品质，将传统工业生产模式提升到智能工业生产模式的新阶段。智能农业生产通过持续监控温室内温度、湿度，持续获得光照、叶面湿度、露点温度、泥土温度、二氧化碳浓度等环境指标，自动开启或者关闭指定仪器设备以实现动态调节。智能交通系统应用物联网技术在公路沿线与公交站点设置电子标签、识别系统与传感器，对交通运行状态进行即时监控，实现交通调度信息数据的即时、动态发布。智能物流把电子金融、电子商务、最优仓储、物流载体、海关保税等功能整合成为一体化的物流信息服务平台。智能城市产品包括对整个城市进行统一动态监控与对城市的数字化动态管理。基于宽带互联网的即时远程监控来实现各种管理职能，将分布在各处众多的信息采集点进行联网，实现对城市运转整个过程的统一监控、信息存储、协调管理，为城市各行各业提供其生产生活所需要的动态的、即时更新的、可查阅历史数据的信息，包括各个领域的高效的管理工具。物联网的运用将带动相关产业的飞速发展，推动世界经济在绿色经济建设的背景下走出当前困境。

　　物联网的环境监控功能为绿色经济建设提供技术保障。结合环境监控的实践，对物联网最简单的描述应当是：物联网＝传感器＋互联网。我们可以这样理解物联网：首先，物联网就是通过各种传感器直接把人化的自然界有效联系起来，从人化的自然界各个角落、各个环节获取有用的信息，然后借助互联网技术与相关人员实现共享；其次，传感器不仅包括射频识别（RFID）、激光扫描仪、GPS等物理传感器，还包括化学的、生物的、微生物的、纳米技术的各种传感器，随着技术的进步今后还可能出现原子级别等未知的新型传感器，凡是能够实现数字化、信息化并传送出有关数据的工具都可以视为传感器，这样物联网在绿色经济建设过程中具有了无限的发展空间。物联网同样会对环境保护起到积极推动作用，主要有以下几方面：改进现有节能减排的技术，改善环保设备的功能；利用物联网技术对人类的生产活动进行全过程控制，为实现节能减排提供信息保障。推动产业结构调整，促进产业结构升级；将消费者的物耗信息与能耗信息以具体量化的方式及时反馈给消费者，促使他们选择绿色消费模式，改善生活消费方式，促进绿色经济发展；在物联网普及的情况下环境监控可以实现持续改善，环境管理者在第一时间可以准确、及时、全面掌握环境状况，在物联网提供信息的协助下环境管理势必更加有效，实现了由对环境污染的事后监管转向为事前预防，从而实现了环境保护与经济发展的良性循环，实现以环境保护优化经济发展的绿色经济发展模式；将环境自动监控系统获得的环境状况信息，及时向社会公布，保障公民具有环境知情权，号召公民积极参与环保；预防和有效、及时处置有环境危害的突发事件，保障环境安全；拉动与环境保护、绿色经济相关的物联网产业获得迅速发展。可以说物联网解决了绿色经济建设的技术难题，通过有效的环境监控可以得到及时、有效的环境数据，为环境管理的开展与环境政策的制定提供了依据。

物联网技术促生新兴战略性产业，推动绿色经济建设。把网络技术运用在人化的自然的各个环节，构成了物联网，如把感应器装备嵌入地壳、大坝、交通运输网、输油管网、水体网、电网等客观存在的事物中，然后将物联网与互联网整合于一体，实现人类社会与客观物质世界的有机整合。超级计算机群对整合网的人、财、物实施实时动态管理控制，以动态最优方式管理人类的生产生活，最大限度地提高自然资源利用率，实现人与自然的可持续发展。这是绿色经济发展的必然趋势，也是人类进步的具体体现。根据可耗竭资源存储与开发现状，以及绿色经济发展需求的预测，我国可耗竭资源短缺已经是不争的事实，可耗竭资源危机逐渐明晰。与此同时，可再生资源的利用率有待进一步提高，发展绿色经济成为我国的当务之急与必经之路。应用物联网技术，构建物物相连，可以实现资源最优化规划利用，可以缓解可耗竭资源的稀缺，并逐渐转向依赖可再生资源的绿色经济发展模式。我国当前需要实现产业发展的绿色经济模式转型。基于物联网的战略新兴产业与绿色经济建设息息相关，新兴产业的发展将提升绿色经济建设的水平，实现人与自然、人与社会、人与人的和谐发展，实现包括人类社会在内的全部地球村的生态平衡，实现人与自然完美融合的可持续发展与绿色发展。

参考文献

[1] 梁坤丽. 高质量发展资源经济的绿色发展转型研究［M］. 北京：中国商务出版社，2023.

[2] 许美思. 绿色经济与绿色产业发展［M］. 延吉：延边大学出版社，2023.

[3] 王康，赵志强. 绿色投资对经济发展的影响研究［M］. 长春：吉林出版集团股份有限公司，2023.

[4] 许文立. 推动绿色发展中国环境宏观经济理论与政策研究［M］. 北京：社会科学文献出版社，2023.

[5] 薛睿. 新时代绿色低碳经济发展的政策路径［M］. 北京：中国社会科学出版社，2023.

[6] 王金胜. 我国国有企业促进经济绿色发展机制与路径研究［M］. 北京：人民出版社，2023.

[7] 马明，唐乐. 基于多元系统耦合的中国绿色经济发展路径［M］. 北京：中国社会科学出版社，2023.

[8] 常荣华. 低碳经济背景下我国绿色金融发展研究［M］. 长春：吉林大学出版社，2023.

[9] 丁玉龙. 数字经济、信息通信技术与绿色发展［M］. 芜湖：安徽师范大学出版社，2022.

[10] 贺腊梅. 绿色发展背景下旅游经济增长研究［M］. 成都：四川大学出版社，2022.

[11] 殷阿娜，石磊，刘月娜. 中国绿色经济发展研究［M］. 北京：地质出版社，2022.

[12] 付伟，罗明灿. 生态经济与绿色发展教学案例［M］. 北京：气象出版社，2022.

[13] 汪浩，崔卫国. 绿色发展理念的经济学解读［M］. 北京：人民出版社，

2022.

［14］王慊林. 绿色经济与绿色发展经典系列丛书·棕榈植物与绿色发展［M］. 北京：中国林业出版社，2022.

［15］杨倩，熊文总. 长江经济带生态保护与绿色发展研究丛书·云南篇·闯出绿色发展新路子［M］. 武汉：长江出版社，2022.

［16］李光勤. 绿色金融经济的绿色化与高质量发展研究［M］. 北京：经济科学出版社，2021.

［17］贾晓薇. 绿色金融发展与经济可持续增长［M］. 北京：社会科学文献出版社，2021.

［18］石敏俊. 中国经济绿色发展理念、路径与政策［M］. 北京：中国人民大学出版社，2021.

［19］张友国，李玉红，朱承亮. 建立健全绿色低碳循环发展经济体系路径研究［M］. 北京：中国社会科学出版社，2021.

［20］孙皓. 中国经济转型消费结构升级与发展绿色消费研究［M］. 北京：中国财政经济出版社，2021.

［21］焦云涛. 探索绿色经济发展之路［M］. 广州：广东旅游出版社，2020.

［22］谢新. 旅游经济及其绿色发展路径研究［M］. 北京：九州出版社，2020.

［23］田丽芳. 环境规制与经济绿色发展研究［M］. 太原：山西经济出版社，2020.

［24］高红贵. 社会主义生态文明建设与绿色经济发展论［M］. 北京：经济科学出版社，2020.

［25］龙海雯. 中国能源价格改革与绿色经济发展研究［M］. 北京：中国财政经济出版社，2020.

［26］李志青. 绿色发展的经济学分析［M］. 上海：复旦大学出版社，2019.

［27］岳利萍著，康蓉，李伟. 绿色发展的政治经济学［M］. 北京：中国经济出版社，2019.

［28］唐动亚，吴加恩，康贺. 当代中国绿色经济发展研究［M］. 长春：吉林人民出版社，2019.

［29］赵丽红，刘薇. 绿色农业经济发展［M］. 咸阳：西北农林科技大学出版

社，2019.

[30] 张春霞. 绿色经济发展研究［M］. 3 版. 北京：中国林业出版社，2019.

[31] 李妍. 绿色经济协同发展研究［M］. 延吉：延边大学出版社，2019.

[32] 方时姣. 建设生态文明　发展绿色经济［M］. 北京：经济科学出版社，2019.

[33] 赵慧卿. 中国绿色低碳循环发展综合评价及经济体系构建［M］. 北京：中国经济出版社，2019.

[34] 王辉耀，李起铨，余津娴. 新时代绿色经济与可持续发展研究［M］. 北京：社会科学文献出版社，2019.

[35] 孟根龙，杨永岗，贾卫列. 绿色经济导论［M］. 厦门：厦门大学出版社，2019.

[36] 关成华，潘浩然，白英. 绿色企业评价指南［M］. 北京：经济日报出版社，2019.

[37] 孟习贞，田松青. 经济发展解读［M］. 扬州：广陵书社，2019.

[38] 李佐军，魏云，赵西君. 发展绿色新动能经济［M］. 北京：社会科学文献出版社，2018.